캠페인 전쟁,
2012

캠페인 전쟁, 2012

1판1쇄 | 2011년 11월 11일

지은이 | 김부겸, 고기석

펴낸이 | 박상훈
주간 | 정민용
편집장 | 안중철
편집 | 윤상훈, 이진실, 최미정
제작·영업 | 김재선, 박경춘

펴낸 곳 | 폴리테이아
등록 | 2002년 2월 19일 제300-2004-63호
주소 | 서울시 마포구 합정동 413-7번지 1층 (121-883)
전화 | 편집_02.739.9929 제작·영업_02.722.9960 팩스_02.733.9910
홈페이지 | www.humanitasbook.co.kr

인쇄 | 현대문화사 031.901.7347
제본 | 일진제책 031.908.1407

값 10,000원
ⓒ 김부겸·고기석, 2011

ISBN 978-89-92792-26-4 03300

이 도서의 국립중앙도서관 출판시도서목록(CIP)은 e-CIP홈페이지(http://www.nl.go.kr/ecip)와
국가자료공동목록시스템(http://www.nl.go.kr/kolisnet)에서 이용하실 수 있습니다. (CIP제어번호: CIP2011004645)

캠페인 전쟁, 2012

김부겸 · 고기석 지음

폴리테이아

| **차례** |

새로운 시작

영국 노동당의 재집권에 얽힌 이야기는 내가 제일 좋아하는 이야기 중 하나다. 영국의 노동당은 집권 의지뿐만 아니라 국민의 신뢰를 잃어버린 최악의 시절을 겪었다고 한다. 극단주의, 당내 분열, 중산층의 이반, 국방과 안보에 대한 불안감, 허약한 리더십.

이런 영국 노동당의 이야기는 어딘가 우리와 닮아 있는 기분이 들지 않는가. 아프고 속상하지만, 그래서 더 솔직해져야 할 게 있다. 2007년 대선과 2008년 총선 패배 이후 나와 우리 모두에게 전염병처럼 스며든 담론에 대해서 말이다. 소위 민주당 위기론 혹은 해체론이다. 민주당이 차라리 없어져 버리는 게 한국 야당 정치의 발전을 위해 좋은 일이라는 말까지 나왔다.

영국 노동당 정치가 만델슨 (Peter Mandelson)

민주당 집권 전략을 수립하기 위해 실시한 광범위한 여론조사와 포커스 그룹 인터뷰에서도 우리가 들어야 했던 많은 목소리는 "민주당은 병들었다."는 것이었다.

『조선일보』의 어느 보수 논객은 이런 민주당을 "번지수 잊힌 문패 없는 정당"이라고 비꼬아 부른다. 도대체 10년간 집권 여당이기도 했던 민주당에 무슨 일이 일어났던 것일까.

굴드와 만델슨

영국 노동당의 재집권 과정은 사실 그렇게 드라마틱한 이야기는 아니다. 빌 클린턴의 재선 전략을 도와 재집권에 성공한 희대의 전략가 딕 모리스(Dick Morris)의 얘기라면 모를까, 18년 만의 승리를 이끈 13년 동안의 만델슨과 굴드의 선거 얘기는 오히려 지루한 감마저 느껴진다.

하지만 내가 특별히 영국 노동당의 재집권 캠페인에 흥미를 느끼는 건, 그들이 만들고 실행했던 전략과 승리의 이야기가 아니라, 만델슨과 굴드라는 두 전략가의 역할과 의지에 감명 받았기 때문이다.

전략가 굴드를 노동당으로

영국의 대표적인 선거 전략가 굴드 (Philip Gould)

인도한 것은 만델슨이었다고 한다. 전략가 굴드는 정치인 만델슨이 있었기에 영국의 노동당을 바꿀 수 있었고, 만델슨은 굴드가 있었기에 노동당을 승리로 이끌 수 있었다. 『1인자를 만든 참모들』의 저자 이철희는 "굴드가 진단하고 검사하면, 만델슨은 때로는 엄청난 정치적 위험을 무릅쓰고 집도를 맡았다."고 표현했다. 그만큼 환상적인 콤비였던 모양이다.

집권이라는 커다란 선거 전쟁에서는 어느 한사람의 천재적인 상상력이 전략의 전부를 아우를 순 없을 것이다. 더군다나, 균열을 양분으로 당과 파벌의 이해관계를 조정하며 끊임없이 움직여 가는 '살아 있는 정치 생물'인 정당정치에서는 어떤 천재적인 전략도 쉽게 실행되지 않기 마련이다.

하지만 전략가 굴드 뒤에는 만델슨이라는 당료가 함께 있었다. 노동당 거물 정치인 허버트 모리슨의 외손자로 옥스퍼드 출신인 만델슨은 오랜 세월 굴드와 함께 새로운 노동당을 건설하고자 했던 동료이자 정치 현장의 지휘관이었다. 새로운 노동당을 만들기 위한 13년간의 긴 캠페인 전쟁 동안, '마키아벨리적 장사꾼이 당을 망치고 노동당의 정의를 팔아넘긴다.'는 비난에 시달려야 했던 전략가 굴드를 지탱했던 정치적 버팀목이 만델슨이었다.

결국 굴드와 만델슨은 승리했다. 정확히는 영국 노동당이 승리했고, 토니 블레어가 승리했지만, 그들은 여전히 영국 정치를 바꾸고 새로운 노동당을 만든 승리자였다. 어느 누구도 영국 노동당의 승리가 그들의 승리였음을 부정하는 사람은 없다.

고기석 박사와 나

고기석 박사는 정치경제학을 전공했다. 정치경제학 중에서도 집단 선택론(collective choice theory)이 그의 전공이라고 한다. 그는 1995년, 김대중 대통령이 정계 복귀를 선언하고 대선에 도전하던 그해에 미국에서 돌아와 DJ의 선거 전략가로 오랜 세월을 함께했다고 알려진 사람이다. 김대중 총재 비서실 보좌역으로 '준비된 대통령' 캠페인을 기획한 장본인이라는 건 익히 들어서 알았고, 집단 선택론을 전공한 학자라는 건 나중에 알았다.

그는 대선 승리 후 청와대를 거쳐, 국정원으로 자리를 옮겨 얼마간 근무했다. 김영삼 대통령이 3당 합당을 통해 민자당 대선 후보를 할 당시 미국서 잠시 한국에 들어와 대선에 관여했는데, 한국에서는 대통령 선거운동에 처음으로 자동 응답 시스템(ARS)을 이용한 장본인이기도 하다.

하지만 그는 알려진 것보다는 알려지지 않은 것이 더 많은 사람이다. 한마디로 그는 익명 속에 살아간다. 그는 '섞이지 않는 유화 물감' 같다고 누군가 그랬는데, 푸른색이 감도는 물감이 물위에 선명하게 떠 있는 이미지가 그에게는 있다. 냉담하지는 않지만, 냉철한 느낌이랄까.

내가 처음 선거 정치의 전략·전술에 관심을 갖게 되었을 때, 고기석 박사는 내게 선거 정치와 집단 선택론을 '배우고 익힐 것'을 채근한 선생이기도 했다. 내가 왜 선거 정치와 캠페인에 관심을 갖고 본격적인 탐구를 시작하게 되었는지는 차차 설명하겠지만, 정확하게 말해 그는 나와 우리 팀이 모두 배우고 익혀야 한다고 요구했다. '민주당의 전략가들'이라는 표현도 그가 즐겨 쓴 용어인데, 김대중 대통령이 정계 복귀 후 얼마나 절치부심 선거 정치를 배우고 익혔는지 내내 강조하며 끊임없이 나와 우리 팀을 채근하곤 했다.

선거 전략은 많은 조사와 힘들고 지루한 분석 과정을 거쳐 조각 그림 맞추듯 만들어져 간다. 어느 한 사람의 힘만으로 만들어질 수 있는 것이 아니다. 낯선 용어, 애매한 이론, 밑도 끝도 없는 담론처럼 느껴지기만 했던 많은 것들을 차근차근 정리해 주었지만, 그는 여전히 정치인 김부겸이 "스스로 배우고 익힐 것"을 요구했다.

그가 요구하는 배우고 익히는 일이 꼭 힘들고 고통스럽기만 했던 것은 아니다. 한편으론 흥미로운 경험이었고, 누구보다 민주당이 '이겨야 한다'고 믿는 정치인 김부겸으로서는 차라리 즐거운 일이기도 했다. 김대중 대통령이 주야로 배우고 익혔다는 그걸, 정치인 김부겸이 하지 않고, 또 못할 이유는 없지 않은가 말이다.

나와 우리 팀이 이런 모든 전략적 도구와 이론에 대해 배우고 익혀야 했던 이유는 시간이 지나면서 스스로 깨달은 바가 크다. 이론은 이론일 뿐, 실제 정치 환경에서 적용하는 일은 또 다른 커다란 과제였던 것이다. 많은 전략적 상상력은 현실 정치에서 실행력이 따라 줘야 이룰 수 있는 것들이었다.

목수가 연장을 능숙하게 사용하면 대궐도 짓고, 절도 짓고, 사대부집 소박한 한옥도 지을 수 있다. 산세와 지형이 달라도 목수는 아름다운 한옥을 짓는다. 능소능대(能小能大). 전략가는 결코 학자나 이론가일 수 없다. 이론가는 반대로 전략가가 될 수 없다.

하지만 그래도 역시 '2012년 민주당 집권 프로그램'을 만드는 내내, 우리는 그에게 많은 것을 의존하고 많은 것을 배웠다. 우리가 여기저기서 어렴풋이 들었던 선거 정치와 '시장 지향적 민주주의'(market-oriented democracy)의 특성에 대해서도 배웠고, 중위수 이론과 제3의 후보, 포지셔닝 전략에 대해서도 배웠다. 마케팅 전략을 캠페인 전략에 응용하는 방법과 왜 그것이 그다지도 중요한 것인지도 배웠다. 경쟁자 중심의 캠페인에 대해서도 그에게 배웠고, 거울 효과 메시지와 마이너스 캠페인의 중요성도 배웠다. 최소 승리 연합의 이론적 배경도 놓치지 않고 배웠다.

배우고 익혔다고는 하지만 실전에 필요한 이론과 도구들을 선별해 전략 수립에 응용하는 과정이었다는 게 좀 더 정확할 것 같다. 그래도 읽어야 할 것은 많고, 이해하기 어려운 용어와 개념도 차고 넘쳤다.

나와 우리 팀은 재빠르게 열정적으로 선거 정치를 배우고, 캠페인을 다루는 방법론을 확장해 가며 끊임없이 이 모든 것을 민주당의 집권 프로그램에 응용할 수 있도록 노력해 왔다. 이론은 알고 보면 뻔하고 단순해 보여도, 명쾌하기에 유용한 것이라는 고기석 박사의 말이 백번 옳다.

그런 이론적 틀이 없으면 우리는 세상을 볼 수 있는 창문을 가질 수 없다. 패러다임이 없으면 전략을 기획하는 모델링은 불가능하다. 이 모든 걸 거꾸로 바라보면 뻔해 보이는 이론과 단순한 방법론들일지라도 말이다.

그래서 나는 이것을 고기석 박사와 함께 한 권의 책으로 만들기로 했다. 이 책의 1부에 해당하는 선거 정치와 캠페인에 관한 이론적 고찰은 고기석 박사가 집필하기로 하고, 2부와 3부인 2012년 선거 캠페인에 적용하는 부분은 내가 맡기로 했다. 우리 팀은 조사와 분석을 맡아 주었는데, 일반적인 선호도 여론조사에서 탈피해 전략적 고려가 가능한 조사 방법을 설계토록 했다.

감히 '캠페인 전쟁, 2012'라는 제목을 달기는 했어도, 이 책은 한 권의 두꺼운 메모라고 해야 옳다. 선거 캠페인 전략을 실제 적용 가능하도록 수립하고자 한다면, 많은 근거 자료와 세밀한 분석 데이터가 뒤따라야 할 것이다. 캠페인 슬로건을 만들고, 이를 메시지로 만드는 일도 현장의 전문가들에게는 고통스런 과정일 것이다. 그 밖에도 총선과 대선 같은 전국 규모의 큰 선거를 기획하자면 다뤄야 할 수많은 실무가 전략가들을 괴롭힌다.

하지만 이런 모든 것을 잠시 뒤로하고, 이 메모를 통해 이론적 틀에 대한 공통분모를 전략가들이 가질 수 있기를 기대한다. 선거에서 승리하기를 원한다면, '나는 어떤 선거 캠페인을 하고 있는가'를 먼저 스스로에게 물어야 한다. 전략에 관한 질문과 이해가 먼저라는 뜻이다. 응용과 기획도 그다음에라야 가능해진다.

승리하기 위해서는 아직도 더 많은 상상력이 필요하다. 열정적인 많은 사람들의 도움과 아이디어가 보태질수록 승리하는 전략도 세밀해질 수 있다. 그런 모든 노력들에 이 메모가 일말의 도움이라도 되었으면 좋겠다.

1부

—

선거 캠페인의 법칙들

—

제1장

캠페인 전쟁의 시작

> "정치는 가능성의 예술이 아니다.
> 정치는 참혹한 것과 불쾌한 것 중에서 선택하는 것이다."
> —존 케네스 갤브레이스(John Kenneth Galbraith)

세상의 모든 정치인은 전쟁을 한다. 민주주의는 수천 년을 이어 온 '살육의 시대'를 끝내는 대신, 우리에게 선거라는 전쟁의 짐을 부여해 놓았다.

"사회적 희소가치를 권위적으로 분배하는 과정이 정치"라고 정의한 데이비드 이스턴(David Easton)의 정치 개념이 선거 정치를 이해하는 데 도움이 될 것이다.

선거라는 절차적 민주주의란 그런 '권위적 분배' 과정을 데모크라시의 데모스(demos), 즉 머릿수에 따라 승리 연합(winners coalition)을 결성해 다른 사람의 몫을 빼앗는 제로섬(zero-sum) 게임으로 실현되는 측면이 강하다. 라이커(William Riker)는 한발 더 나아가, "정치는 곧 분배에 관한 문제이며, 정치는 모든 사람을 행복하게 만드는 것이 아니라 일방의 만족을 위해 다른 사람의 몫을 빼앗는 것이다."라고까지 지독하게 통찰하지 않았던가.

캠페인은 전쟁이다

캠페인(campaign)이 '캠프를 친다'는 말에서 유래했다는 걸 모르는 사람은 없을 것이다. 한마디로 전쟁터에 진을 친다는 뜻이다. 마라톤 평야, 워털루, 게티즈버그, 오케하자마, 적벽대전 등 유명한 전투는 다들 전장에서 이름을 따온 것들이다.

그리고 우리는 선거 캠페인을 전쟁에 빗대서 부르곤 한다. 선거를 준비하는 후보는 상황실을 만들고, 선거 캠프를 치고 승리를 위한 전략·전술이라는 말을 입에 달고 산다. 선거전이라는 전투적 용어도 어색하지 않다. 한마디로 선거 캠페인은 전쟁이다. 누가 뭐래도 전쟁이고, 어느 누구도 이의를 달지 않는 전쟁이다. 거기에 의심은 없다.

그런 의미에서 선거 정치의 중심이 되는 정당이라는 말에도 우리는 솔직해질 필요가 있다. 영어로 파티(party)라는 말은 '편'이라는 뜻인데, 내 편(my party), 네 편(your party)이라는 표현도 같은 말을 쓴다. 선거 정치에 관한 한 '편 가르기'는 상식 중에 상식이다. 전쟁에는 내 편이 있고, 네 편도 있다.

그래서 대통령 선거가 끝나고, 인사의 제1원칙은 충성심(loyalty)이라고 공개적으로 선언하는 미국의 당선자들과 비교하면 가끔 우리나라 대통령 당선자들의 행태는 이해하기 힘들 정도다. 갑자기 '내 편'에서 '네 편'도 포함한 대한민국 '우리 편'이 등장한다. 그럴 바에는 왜 선거하느라 죽어라 싸우는지 모를 일이다.

사실 민주주의는 절차적 민주주의 못지않게 목적 그 자체로서의 민주주의도 중요하다. 그래서 '좋은 후보(candidate)와 좋은 정치인(politician)은 다르다.'라는 말도 있는 것이다. 다만, 선거 정치를 다루는 이 책에서 캠페인과 관련해 민주주의의 절차적 측면을 침소봉대하느라 좀 앞서 나갔을 뿐이다. 그래도 역시 선거 캠페인을 준비하는 사람들에게 절차적 민주주의를 이해시키고 강조하는 것은 더없이 중요한 일임에 틀림없다.

캠페인 전쟁이 일어나는 곳

오늘날 우리는 시장과 민주주의가 결합된 융합 체제 속에서 살아간다. 학자들이 '시장 지향적 민주주의'라고 부르는 정치경제 시스템이 우리가 사는 곳이다. 시장과 민주주의가 샴쌍둥이처럼 결합된 곳이다. 그리고 바로 그곳에서 캠페인 전쟁이 벌어진다.

하지만 시장과 민주주의가 결합된 융합 체제 속에는 모순적 메커니즘이 내재되어 있다. 시장은 알다시피, 배타적인 사유재산권을 천부의 기본권으로 하며, 교환을 통해 사회적 잉여가치 혹은 부가가치를 배분(allocation)하려고 한다. 그에 반해 민주주의는 선거를 통해 희소가치를 재분배(redistribution)하려는 체제(system)이다. 거칠게 말하면, 머릿수에 따라 선거를 통해 다른 사람의 몫을 빼앗는 제로섬 게임이 민주주의라고 할 수 있다.

당연히 '이런 두 가지 상반된 체제가 양립할 수 있을까.'라는 의문이 있었을 것이다. 이는 오래전부터 정치경제학자들의 의문이었고 연구의 대상이었지만, 아직까지도 시장 지향적 민주주의를 능가하는 정치경제 시스템은 없었던 게 사실이다. [경제학에서 흔히 얘기하는 '시장 실패'(market failure)와 마찬가지로, 집단 선택 이론에서도 '정부 실패'(government failure)는 익히 알려진 사실이다. 그럼에도 불구하고, 이 머리가 두 개인 샴쌍둥이 체제는 오늘날까지 번성하고 있다.]

이런 까닭에 현대 정치경제학은 오히려 두 가지 모순된 체제의 조화 속에서 역동성과 번영의 이유를 찾으려고 노력해 왔다.

하지만 아직도 많은 사람들은 시장과 민주주의를 분리하는 버릇이 있다. 민주주의와 자본주의가 각자 따로 작동하는 이원적 원리로 보는 것이다. 그런 생각은 틀린 생각이다. 우리가 살고 있는 시장 지향적 민주주의에서 시장과 민주주의는 대립하지만 서로 충돌해 붕괴하지는 않는다. 시장은 효율적이고 민주주의는 정의롭다. 시장이 번성해야 민주주의가 풍요롭다는 것을 모두가 알고 있다. 어느 누구도 더 이상 시장과 민주주의의 융합 체제를 부정하지 않는다.

우리가 '시장 지향적 민주주의'라고 부르는 21세기 정치경제 체제는 이런 모순적 메커니즘으로 인해 갈등하고, 상생하고, 긴장하며 성장해 왔다. 캠페인 전쟁은 아마도 이런 메커니즘이 부딪히는 최전선이었을 것이다. 거칠게 말하면, 보수 우파는 시장의 편에서, 진보 좌파는 민주주의의 편에서 선거 전쟁을 계속해 왔다고 할 수 있다.

이제 우리도 이런 시장 지향적 민주주의의 지형 속에서 선거 정치의 본질을 탐구해야 할 때가 온 것은 아닐까.

시장과 민주주의가 함께하는 세상

적어도 선거 정치를 다루는 전략가들은 우리가 살고 있는 시장과 민주주의 융합 체제의 성격을 이해하고 있어야 한다. 한나라당을 지지하는 세력을 단순히 수구적이며 나쁜 부자들이거나 무지하고 변화에 둔감한 세력이라고 치부해 버려서는 전쟁에서 승리할 수 없다.

부가가치 혹은 잉여가치를 개인의 노력과 사유재산의 헌법적 권리에서 찾으려는 많은 사람들은, 잉여가치의 배분은 효용의 교환에 의해 이루어져야 한다고 믿는다. 부자의 사회적 책임은 지극히 개인적이고, 부자의 도덕성은 또 다른 사회적 가치일 뿐이다. 그들은 자신들이 매우 도덕적이며 사회적 책임에 있어서도 적극적이라고 믿는다. 사유재산을 보장하고 재화와 효용을 배분하는 시장 질서야말로 지속 가능한 성장을 담보해 주고 가난한 자에게 나눠 줄 잉여가치도 이런 지속 가능한 시장 속에서만 만들 수 있다고 믿는다. 아마도 소위 '보수의 가치'는 이보다 훨씬 더 정교한 이론적 뒷배를 갖고 있을 것이다.

그에 반해, '민주론자들'(democrats)은 사회적 잉여가치는 절차적 민주주의가 보장하는 선거를 통해 재분배되어야 한다고 믿는다. 보수주의자들의 눈에는 남이 만들어 놓은 잉여가치에 공짜 손님(free-rider)으로 편승하려는 것으로 보이겠지만, 민주적 분배론도 롤스(John Rawls)의 『정의론』(*A Theory of Justice*)과 같은 저작에 힘입어 나름대로의 이론적 기반과 철학을 확보하고 있기는 마찬가지다.

롤스의 이론은 오늘날 수많은 집단 선택 문제에 적용되고 있고, 정치경제학 연구는 물론 민주주의의 가치를 주장하는 데도 광범위한 영향을 미치고 있다.

시장과 민주주의가 함께하는 세상은 생각보다 모순적이지 않다. 경제학을 다루는 많은 사람들에게 '시장 실패'는 그리 낯설지 않은 용어일 것이다. 마찬가지로 공공 선택을 연구하는 학자들에게도 '정부 실패'는 더 이상 논쟁의 여지가 없는 개념이다. 하지만 아이러니하게도 이런 시장과 정부의 실패가 시장 지향적 민주주의를 지탱해 주는 '보이지 않는 손'이 되어 준다.

시장의 실패를 정부와 공공 선택이라는 민주적 절차가 보완해 주고, 정부의 실패는 시장의 배타적인 효용 극대화가 보완해 준다. 시장 지향적 민주주의는 모순으로 가득 차있지만 시장과 민주주의가 함께하는 모순의 역설이 긍정일 수 있는 이유도 바로 여기에 있다.

내가 특별히 시장 지향적 민주주의를 소개하는 이유도, 선거 정치와 그 안에서 벌어지는 선거 캠페인을 제대로 이해하기 위해 우리가 싸워야 하는 전장의 지형을 좀 더 명확히 드러내고 싶었기 때문이다.

캠페인 전쟁의 미학

조국 교수는 그의 저서 『진보 집권 플랜』에서 다음과 같이 쓰고 있다.

진보는 여러 가지 방식으로 정의할 수 있을 것입니다. 아주 거칠게 정의하자면, 남북문제에서는 군축, 평화공존, 평화통일을 지향하고, 경제에서는 자유 지상주의, 시장 만능주의가 아니라 자본주의의 모순을 직시하면서 시장에서 패자를 아우르는 정책을 추구하고, 양심·사상의 자유와 표현의 자유를 위시한 각종 정치적 기본권의 확대·강화를 지지하는 것이 진보입니다. 계급적으로 보면 진보는 강자나 부자의 편이 아니라 약자나 빈자의 편입니다. 특권을 가진 엘리트의 편이 아니라 보통 사람의 편입니다. 아시다시피 법학은 정의를 추구하는 학문입니다. 저는 서민과 보통 사람이 자존감을 가지고 당당하게 살 수 있는 사회가 정의로운 사회라고 봅니다. 진보의 길이 곧 정의를 구현하는 길이

라고 확신하기 때문에 저는 어디에 가서든 공개적으로 진보를 자처하고 있습
니다.

이 정도면 캠페인 전쟁의 미학은 더 이상 아름다울 게 없다. '진보의
길이 곧 정의를 구현하는 길'이며, '진보 집권 플랜'은 정의로운 계획이
기 때문이다. 이런 뜨거운 마음이 있기에 한국의 진보는 오랜 세월 고
난의 길을 지켜 왔으리라.

하지만 선거 캠페인 전쟁에서라면, 우리는 좀 더 가치중립적일 필요
가 있다. 선거에서 승리할 전략을 위해 영혼을 팔자는 뜻이 절대 아니
다. 여전히 우리는 분배에 관한 한, 진보적 시각이 더 규범적이라는 믿

음과 확신을 갖고 있다. 사회는 어차피
불평등하고, 이런 불평등이 정당화될
수 있는 유일무이한 경우는 사회적 약
자와 빈자에게 더 많은 분배가 이루어
질 때뿐이라고 믿는다. 그런 믿음에는
변함이 없다. 하지만 우리는 캠페인 전
쟁터에 서있고, 그곳에는 우리와 다른
믿음을 가진 캠페인 경쟁자들이 있다.

선거 정치에 관한 한 가치 중립적이
기를 원하는 많은 유권자들이 있고, 중

도적 유권자들일수록 그런 경향이 강하다. 선거는 다수에 의해 결과를 결정한다. 집단 선택이 이런 메커니즘으로 개개인의 선호를 사회적 선호로 나타내는 절차라고 하면 공공 선택에 대한 연구가 이런 가치중립적인 많은 유권자들의 생각을 담고 있는 것도 자연스러운 일이다.

이런 이유에서뿐만 아니라, 다른 실증적 이유로 집단 선택을 다루는 많은 학자들은 규범적 문제에 소극적이거나 가치중립적인 태도를 유지하려는 경향을 보인다. 왜냐하면, 규범적 이론들 대부분이 부자로부터 가난한 자에게로 재분배가 일어나야 '마땅하다'고 암시하고 있지만, 실제로는 민주주의 의사 결정 모델에서 마땅한 결과가 규범적으로 일어나는 경우는 오히려 드물기 때문이다.

뮬러(D. C. Mueller)가 정리한 『공공 선택론』의 한 부분을 인용해 보자.

전부는 아니지만 그래도 대다수의 분배에 관한 '규범적' 이론들은 부자로부터 가난한 자에게로 재분배가 일어나야 '마땅하다'고 암시하고 있다. 그런데 좀 더 적나라하게 보면, 재분배가 오히려 힘 있는 자, 부자, 특정 지역인, 특정 인종 집단 등에게로 돌아간다고 볼 수도 있다. 공공 선택론 문헌들은 힘 있는 자란 곧 중위수 투표자라고 주장하며, 따라서 재분배는 소득분포의 중앙 부분으로 몰린다고 생각한다. 민주주의하에서 소득분포의 양쪽 끝 부분으로부터 가운데 부분으로 재분배가 일어난다는 가설은 이른바 "디렉토의 법칙"으로 알려져 있다. 이것은 최초의 주창자인 에어론 디렉토(Aaron Director)의 이름에서 따왔으며 그 후 스티글러(George Stigler, 1970)와 툴락(Gordon Tullock, 1971) 등에 의해 발전되었다. 포머렌(Werner Pommerehne, 1975)은 이 가설을 검증 가능한 모형에 연결시켰다. 그리고 이 디렉토의 법칙에 대한 대항 가설로 "부자에게서 가난한 자에게로 재분배가 일어나야 된다."는 이타주의를 설정해 이들을 검증했다. 또 그것을 가난한 사람들 편에서 부자에게로 재분배가 이루어진다는 소위 "신좌파" 가설에 대비시켜 검증해 보기도 했다.

실증적 연구 결과는 우울한 것들이다. 선거 정치에서 승리하기 위한 전략적 행동의 결과, 민주주의는 진보의 정의를 실현시키는 데 그다지 충실하지 않다.

이런 실증적 연구 결과가 아니더라도, 적어도 선거 정치를 준비하는 우리는 조국 교수의 의견에 꼭 동의할 필요는 없다. 민주론자만이 규범적이고, 진보만이 정의롭다는 태도는 최소한 선거 정치에서는 오만에 가까운 것이다. 보수의 가치도 선거 정치를 논하는 데는 당당할 수 있다고 본다. 민주론자라고 해서 사회적 책임에 언제나 정의로운 것은 아니며, 재분배를 외치는 민주론자들 중에도 정의롭지 않은 자들은 얼마든지 있을 수 있다.

우리 모두는 시장 지향적 민주주의라는 융합 체제 속에서 선거라는 절차적 민주주의를 통해 대한민국을 꾸려 간다. 따라서 선거 정치의 시작은 캠페인 경쟁자들을 인정하는 것에서 출발해야 하는 게 너무나도 당연하다. 이는 그들을 옹호하고 타협하는 것하고는 근본적으로 다르다. 캠페인은 전쟁이고 우리와 그들은 적으로 만나지만, 어쨌든 전쟁터는 그들과 함께 나눠 쓰고 있지 않은가 말이다.

불편한 진실

공공 선택론이나 집단 선택 이론을 연구하는 학자들은 절차적 민주주의의 방법론인 선거 방법에 대해 많은 연구를 해왔다. 하지만 그 결과는 민주주의를 신봉하는 우리에게는 매우 비관적이다. 선거 결과는 순환(cycles)에 빠져 A가 B를 이기고 B가 C를 이기고, C는 다시 A를 이기는, 뭐가 뭔지 모르는 당황스러운 결과를 보여 준다. 더군다나, 이런 '안건들 간의 순환'(cycles across issues)을 이용하는 '담합'(logrolling)은 꽤나 우울한 사례들이다. 지방 공공사업과 조세의 예외 규정 등, 많은 사례들은 절차적 민주주의로서의 선거라는 방법론이 근본부터 문제가 많다는 것을 보여 준다.

좀 더 이론적이기는 하지만, 선거라는 절차적 방법론에 대한 최대의 실망은 '애로우(Kenneth Arrow)의 공리(theorem)'와 같은 증명들이다. 즉 어떤 집단적 선택 과정도 유권자들의 선호도를 제대로 반영하는 규범적 요건을 충족시킬 수 없다는 것이다. 사회적 선호를 최소의 규범적 조건을 만족시키면서 이끌어 낼 수 있는 어떤 현실적인 제도도 존재할 수 없다니 어안이 벙벙할 지경이다.

아주 극단적으로 말하면, 우리는 선거라는 제도를 근거로 어떤 규범적 당위성을 주장할 수 있는 세상에 살고 있지 않다. 오히려 많은 경우 민주적 선거란 단지 불완전한 제도를 이용해서 그런 불완전성을 해결할 수 있는 '독재성'(dictatorship)을 도입하는 역설적 제도라고 해야 옳다. 그러나 이 경우 선거를 통해 도입되는 독재성이 반드시 우리가 상상하는 독점과 부패, 야수성을 의미한다고 주장할 필요는 없지만 말이다.

결국, '국민의 뜻'이니, '민심은 천심'이니, '국민의 명령' 같은 말들은 모두 공허한 정치적 구호에 불과할 뿐이다. 극단적으로 말하면 정의가 승리하는 것이 아니라 승리했기 때문에 정의로울 뿐이다. 이러니 더욱 더 선거 정치 앞에서 우리 모두는 겸손하고 겸허해야 한다. 승리할 수는 있어도, 승자는 없다.

승리한 후에도 민주당의 대통령이 아닌 대한민국의 대통령을 요구하는 우리나라 유권자들은 마치 이 모든 것을 꿰뚫고 있기라도 한 것 같다. 현명한 유권자들이다.

제2장

마케팅에서 배우는 캠페인 법칙들

"바보야, 문제는 경제야"라고 유권자들이 외치는 순간, 정동영 후보는 이명박 후보를 이길 수 없다. 변화를 원한다면 오바마 대통령이 1등이다. 작지만 강한 정부를 원한다고? 유권자들에게 물어 보라. 1등은 언제나 레이건 대통령이 차지할 것이다. 누가 더 준비된 대통령 후보냐고 물으면, 보나마나 김대중 후보가 1등일 게 분명하다.

선거와 마케팅은 다르다. 후보와 상품도 다르다. 하지만 캠페인이라면 마케팅과 선거는 크게 다를 바가 없다. 캠페인 측면에서는 시장과 선거는 놀랍도록 닮아 있다.

무엇보다 그들이 상대하는 유권자는 소비자와 똑같은 사람들이다. 유권자들이 생각하는 머리는 소비자들이 생각하는 머리와 같다. 선거나 마케팅이나 사람들의 머릿속 블랙박스 안에서 경쟁자와 다투는

미국 44대 대통령(2009~) 버락 오바마(Barack Obama)

싸움을 한다.

전 세계 시장에서 수많은 회사들은 마케팅 전쟁을 해왔다. 그들의 전쟁터는 살육의 전쟁터와 다르지 않다. 패배는 곧 죽음을 의미한다. 회사는 도산하고 경영자와 근로자 모두 일자리를 잃고 거리로 내몰릴 수도 있다. 그들은 이런 마케팅을 1년 365일, 24시간 멈추지 않는 캠페인을 한다. 이런 그들에게 배우지 않을 이유가 뭐란 말인가.

인식의 사다리

앨 리스(Al Ries)와 잭 트라우트(Jack Trout)가 쓴 상상력 풍부한 역작, 『마케팅 불변의 법칙』을 보면 이런 얘기로 시작된다.

많은 사람들이 마케팅에 있어서 기본적인 문제는 자기에게 더 좋은 제품이나 서비스가 있다는 사실을 잠재 고객들에게 확신시키는 일인 줄로 알고 있다. 틀린 생각이다. 만약 현재 당신의 점유율이 낮은데도 불구하고 규모가 더 크고 자금 사정이 더 좋은 경쟁자와 싸울 형편이라면, 당신의 마케팅은 시작부터 잘못된 것이리라. 당신은 첫 번째 마케팅 법칙을 어긴 것이다.
마케팅에 있어서 기본적인 요소는 최초로 뛰어들 수 있는 영역을 만드는 일이다. …… 더 좋은 제품을 팔기보다는 최초로 시작하는 것이 낫다. 시장을 선점한 사람보다 더 좋은 제품을 갖고 있다고 납득시키기보다, 사람들의 기억 속에 맨 먼저 들어가는 일이 훨씬 쉬운 것이다.

다음과 같은 두 가지 질문을 스스로에게 해보라. 그러면 선도자의 법칙을 쉽게 납득할 수 있을 것이다.

① 최초로 대서양을 단독 횡단한 비행사의 이름은? 찰스 린드버그(Charles Lindbergh)가 아닌가?
② 그렇다면 두 번째로 대서양을 횡단한 비행사의 이름은? 그것은 대답하기 쉽지 않을 것이다. 그렇지 않은가?

대서양을 두 번째로 단독 횡단한 비행사는 버트 힝클러(Bert Hinkler)였다. 버트는 찰리보다 더 훌륭한 비행사였다. 그는 찰리보다 더 빨리 비행했고 연료도 적게 썼다. 그러나 누가 버트 힝클러라는 이름을 들어 보았는가?

그리고 그들은 계속해서 "대서양을 세 번째로 단독 횡단한 비행사는 누구일까?"라고 묻고, 도대체 두 번째도 누군지 모르는 판에 세 번째 비행사의 이름을 어떻게 알겠냐고 너스레를 떤다. 하지만 그들의 마케팅 불변의 법칙은 이렇게 계속된다.

그러나 당신은 그게 누군지 알고 있다. 그 비행사는 아멜리아 이어하트(Amelia Earhart)였다. 그런데, 아멜리아는 대서양을 단독 횡단한 세 번째 비행사도 알려신 것일까, 아니면 단독 횡단한 최초의 여성 비행사였기 때문에 알려진 것일까?

물론, 우리는 그 답이 무언지 알고 있다. 잠재 고객의 기억 속에, 정확하게는 '인식의 사다리' 맨 첫 번째 가로대를 차지할 수 있는 건, 사다리를 기어 올라가는 것이 아니라, 아마도 새로운 영역을 찾아내 맨 처음 그곳에 들어가는 것이란 걸 금방 눈치챘을 테니까.

누군가 '철수 엄마'라고 불리는 것을 들으면 철수가 누군지는 몰라도 그가 첫 번째 아들일 거라는 짐작은 아마 틀림없을 것이다. 소니는 아예 '내 첫 번째 소니'(my first SONY)라는 어린이용 워크맨을 만들기도 했다. 어른이 된 후에도 그가 선물 받은 첫 번째 소니 워크맨을 잊어버릴 소비자는 아무도 없을 거라고 단언할 수 있다.

마케팅과 포지셔닝 이론

앨 리스와 잭 트라우트는 자신들의 이런 통찰을 바탕으로 하나의 마케팅 전략을 정리했는데, 그것이 바로 포지셔닝 전략이다. 포지셔닝 전략을 이해하기 위해 첫 번째로 기억할 것은 이것이다.

어떤 것이든, 사람들의 머릿속이라는 블랙박스에서는 사다리의 첫 번째 가로대를 차지하지 못하는 한 그 영역의 리더가 될 수 없다는 것을 기억하면 된다. 그들의 이야기에 좀 더 귀를 기울여 보자.

사람들의 마인드에 들어가는 가장 손쉬운 방법은 '첫 번째'가 되는 것이다. 이

원칙의 타당성은 몇 가지 간단한 질문을 통해 입증이 가능하다.

북대서양을 처음으로 단독 비행한 사람은? 찰스 린드버그(Charles Lindbergh)이다.

그러면 북대서양을 두 번째로 단독 비행한 사람은?

쉽게 대답할 수 없다.

달 표면을 최초로 걸은 사람은 누구인가? 물론 닐 암스트롱(Neil Armstrong)이다.

그러면 두 번째로 달에 착륙한 사람은?

세계에서 가장 높은 산의 이름은? 히말라야 산맥의 에베레스트이다.

그러면 두 번째로 높은 산은?

당신이 첫 번째로 사랑을 고백한 사람은?

두 번째로 사랑을 고백한 사람은?

마인드에 좋은 포지션을 차지한 첫 번째 사람, 첫 번째 산, 첫 번째 회사를 쫓아내기란 정말 어려운 일이다. ……

'각인 학습(태어나서 바로 몸에 익히는 학습)'이라는 용어가 있다. 갓 태어난 동물이 그 어미와 처음으로 만나 어미의 특징을 몸에 기억하는 것을 가리키는 생물학 용어다. 새끼가 자신의 기억 속에 어미의 특징을 잊지 않도록 고정시키는 데는 불과 수초밖에 걸리지 않는다고 한다.

이 각인 학습 덕분에 (사람들의 눈에는 오리들이 다 똑같아 보일지 모르나) 태어난 지 하루밖에 안 된 오리 새끼일지라도 여러 오리들 가운데서 어김없이 자기의 어미를 분간해 낸다.

그러나 이 모든 것이 언제나 올바르게 진행되는 것만은 아니다. 만약에 각인 과정에서 생김새가 전혀 다른 개나 고양이 또는 사람과 같은 다른 종족을 처음 만난 오리는 그 대체물을 자기의 진짜 어미로 여기게 되기 때문이다.

사랑에 빠지는 것도 어떤 면에서 보면 이와 마찬가지다. 물론 사람은 오리보다 훨씬 뛰어난 선택 안을 지니고 있다. 하지만 스스로 자신하고 있는 만큼 그렇게 뛰어나지는 못하다.

명쾌하지 않은가. 일단 각인되고 난 후라면 사람들의 인식과 싸워서는 가망이 없다. 오리의 사랑은 이미 다른 누군가의 것이다. 그것보다는 차라리 자신만의 영역을 찾아내 그곳 사다리의 첫 가로대를 차지하는 게 좋을 거라고 그들은 충고하고 있다. 당신이 영리한 전략가라면, 그게 정당이든 후보든, 정책의 한 부분이든 재빨리 자신만의 영역을 찾아내, 그곳에서 오리가 사랑에 빠지는 첫 번째 사람이 될 수도 있다는 얘기다.

이게 바로 마케팅 불변의 법칙이 말하는 포지셔닝 전략이다. 자신의 영역을 찾을 것. 그리고 그곳에서 오리의 사랑을 차지하는 첫 번째 사람이 될 것. 지극히 단순하지만, 선거 전쟁에서는 더할 나위 없는 강력한 캠페인 전략이 된다.

커뮤니케이션하지 말고 포지셔닝하라

언젠가 텔레비전에서 노무현 대통령은 초조히 시계를 들여다보며 탄식하듯 이렇게 말했다. "시간만 충분하면 …… 국민들과의 대화를 좀 더 여유 있게 할 수만 있다면……." 커뮤니케이션만 충분히 잘할 수 있었으면, 대통령의 진정성과 정책의 바람직한 방향에 대해 국민들을 설득할 수 있었을 거라는 탄식이었으리라. 하지만 과연 그랬을까.

캠페인을 홍보나 커뮤니케이션 전략으로 오해하는 많은 전략가들이 있다. 물론 선거 캠페인은 칼과 활 대신 말로 치르는 전쟁이다.

성경에 보면 이런 말이 나온다. "태초에 말씀이 있었다. 그 말씀은 하나님과 함께 있었으니 그 말씀은 곧 하나님이었다." 부처님의 경전도 언제나 "여시아문"(如是我聞), 즉 "이와 같이 나는 들었다."로 시작한다. 그렇다. 선거 캠페인을 수행하는 모든 전략가와 전사와 지휘관과 병사들은 말로 시작해서 말로 끝나는 전쟁을 치른다.

말이 나온 김에, 사람들이 가끔 혼동하는 몇 가지 개념을 명확히 구분해 보는 것도 의미가 있을 것 같다. 프로파간다(propaganda)와 PR(public relations), 그리고 캠페인이 바로 그것이다. 각각 선전, 홍보, 유세 혹은 선거운동으로 해석되는 세 가지 활동은 사실은 매우 다른 개념적 특성을 갖고 있다.

먼저 '프로파간다'라는 말은 원래 교황이 포교 활동을 위해 만든 일종의 선전대를 의미했다고 하는데, 일방적으로 교리와 이념을 대중에게 주입하기 위한 활동을 말한다. 영어로는 퍼블리시티(publicity)라고 하여 공시와 출판의 의미를 담고 있기도 하다.

PR은 익히 아는 대로 홍보로 알려진, 대중과의 양방향 소통을 의미한다. 커뮤니케이션을 통해 나를 설명하고 대중의 반응을 접수하는 소통의 방식이다. 양방향 소통처럼 보이기는 해도, 먼저 내가 광고하고 거기에 대중이 대응한다는 소통의 순서가 있다. 따라서 대중의 관심을 끌 만한 창의성과 수단이 요구되는 분야이기도 하다.

하지만 말을 무기로 하는 전쟁에서 커뮤니케이션은 더 이상 기댈 게 못되는 낡은 칼이다. 과거에는 어땠는지 몰라도, 21세기 현재를 사는 우리에게는 그렇다. 텔레비전과 케이블, 위성방송, 스마트폰과 컴퓨터, 신문, 잡지. 인터넷 하나만으로도 전 세계의 온갖 커뮤니케이션이 실시간으로 쏟아져 들어온다. 커뮤니케이션 과잉 시대다.

마케팅 전문가들은 이런 문제를 누구보다 잘 알고 있다. 상품을 광고하는 마케팅은 더 이상 효과적인 설득 수단이 아니다. 그래서 그들도 요즘은 캠페인을 한다. 전쟁터를 만드는 것이다. 영역을 분할하고, 그곳에 들어가는 첫 번째가 되려고 한다. 오리의 사랑을 얻고 싶은가. 그럼 오리가 만나는 첫 번째 사람이면 충분하다.

광고가 범람하는 커뮤니케이션 과잉 시대에 상품을 팔고 싶다면, 영역을 분할하고 그곳에 들어가는 첫 번째 상품이 되면 된다.

당신이 라면을 판매하는 마케터라면 소비자 마인드에 첫 번째 좋은 포지션을 차지하고 있는 '신라면'에 대항할 생각은 하지 말라고 충고하겠다. 아무리 광고하고 커뮤니케이션을 해도 첫 번째 회사를 쫓아내기란 불가능에 가깝다.

하지만 '꼬꼬면'이라면 얘기가 다르다. 쇠고기 국물이 아닌 닭고기

국물이라면 '꼬꼬면'도 잘 팔리는 첫 번째 상품이 될 수 있다.

선거 캠페인 전쟁에서 싸워야 하는 전략가들은 한 가지 더 골칫거리가 있다. '아니면 말고' 하는 식의 '양치기 소년 신드롬'이 바로 그것이다. 기왕에 말로 하는 전쟁인데, 무슨 말인들 못할 것인가 말이다. 넘치는 공급 과잉의 커뮤니케이션에 '양치기 소년'까지 한몫 거들어서 그야말로 하나님과 부처님도 황당해 할 상황이 되어 버렸다.

이런 상황은 캠페인 전략가들에게는 거의 재앙과 같다. 수천만의 유권자를 대상으로 단기간에 집중적인 캠페인으로 과반수를 획득해야 하는 게 그들의 임무다. 한 표라도 뒤지면 모든 게 허사로 돌아가는 게 선거운동이다. 이럴 때 커뮤니케이션이 무용지물이라니.

포지셔닝 전략에 능통했던 앨 리스와 잭 트라우트는 이렇게 적고 있다.

당신에게 선거운동을 맡긴 정치가와 만나고 있다고 하자. 만난 지 5분도 지나지 않아 당신은 일반 유권자들이 다음 5년 동안 그 정치가에 대해 알게 될 내용보다 훨씬 많은 것을 알게 될 것이다.
당신이 아무리 그 후보에 관해 얘기한다 해도 사실 유권자의 마인드에 남는 내용은 거의 없다. 따라서 당신은 일반적 의미의 '커뮤니케이션'을 해서는 안 된다.
당신이 할 일은 선별이다. 당신은 그 후보에 관한 내용 가운데에서 유권자의 마인드에 가장 쉽게 인식될 수 있는 최선의 소재를 선별해야 한다.
메시지가 제대로 전달되는 것을 방해하는 장애물은 커뮤니케이션의 분량이다. 이 문제의 본질을 이해할 때 자연히 그 해결책도 알 수 있게 된다.

정치 후보나 상품, 자기 자신의 장점을 전달하고자 할 때는 안과 밖을 바꿔 놓아야 한다.

상품 자체나 당신 자신의 마인드에서 해결책을 찾지 말고, 잠재 고객의 마인드에서 문제의 해결책을 찾아야 한다는 의미다.

바꿔 말하면, 메시지 가운데 극히 일부만이 전달되므로 발신자보다는 수신자의 측면에 집중해야 한다는 것이다. 요컨대 잠재 고객의 인식에 집중해야지, 상품이라는 실체에 집중해서는 안 된다는 얘기다.

존 린지(John Lindsay)는 이렇게 말한 바 있다. "정치에서는 인식이 현실이다."

이래서 우리는 또 마케팅 전문가들에게서 배운다. 커뮤니케이션하지 말고 포지셔닝해야 한다.

싱글몰트 메시지

포지셔닝은 훌륭한 전략임에 틀림없다. 하지만 캠페인의 전쟁터는 물리적 공간이 아니다. 유권자들의 머릿속 블랙박스 안에서 벌어지는 전쟁이다. 그러니 포지셔닝 전략도 말로 하는 전술에 의존할 수밖에 없다. 영역을 나눌 수는 있어도, 그 영역에 들어가는 방법은 '말씀'이다.

하지만 더 이상 프로파간다는 소용이 없다. 커뮤니케이션도 공급 과잉으로 넘쳐 난다. 시장의 마케터들이 영리해질수록 소비자인 유권자들이 만나야 할 영역은 셀 수 없이 많아져 왔다. 라디오에도 수많은 방송국이 저마다의 영역에서, 저마다의 소리를 전파에 실어 보낸다. 텔레비전은 공중파와 케이블을 거쳐 모바일에서도 영역 나누기에 분주하다. 신문도 지하철 신문이 따로 나오고, 일요판 신문에 섹션 신문까지 쪼개고 또 쪼개진다. 트위터·블로그·유투브·페이스북까지, 커뮤니케이션은 더 이상 우리가 감당할 수준이 아니다.

커뮤니케이션은 한때 아름다웠을 것이다. 소통은 우리 모두가 갖고 싶었던 양방향 커뮤니케이션이었다. 일방적인 프로파간다의 시대를 지나 매체의 발전에 힘입어 커뮤니케이션 시대로 접어든 그때는 우리 모두 소통에 목말라 했었다. 오죽했으면 직장의 상사와 부하, 선생님과 학생, 아버지와 아들까지도 '커뮤니케이션이 필요해!'를 외쳤겠느냐 말이다.

하지만 이제 더 이상 커뮤니케이션은 아름답지 않다. 아니, 설령 아름답다고 해도 더 이상 매력적이지 않다. 넘치고 흔하고 질릴 뿐이다. 이래서 선거 캠페인을 할 때 커뮤니케이션은 악몽에 다름 아니다. 정해진 시간, 그것도 단기간에 3천만 명의 유권자와 수십 개의 정책이 담긴 상품 꾸러미를 커뮤니케이션해야 하는 건 절대 가능한 일이 아니다.

그래서 선거 캠페인은 메시지를 전달해야 한다. 그것도 싱글몰트 메시지여야 한다. "2초 안에 발음할 수 있는 단 한 개의 메시지를 담고 있는 포지셔닝 전략." 싱글몰트 메시지를 설명하기 위해 이렇게 긴 문장을 사용해야 하는 것이 안타까운 일이지만, 포지셔닝 전략은 간결하고 단순하고 기억하기 쉬운 단어로 한 영역에 하나씩 메시지를 담고 있어야 한다.

인지 심리학자들은 7이라는 숫자가 인간이 기억할 수 있는 최대의 단위라는 점에 주목한다. 백설 공주와 일곱 난장이, 7인의 특공대, 일곱 자리의 전화번호. 하지만 영어권 사람들은 눈앞에 일곱 자리 숫자를 보여 준 후, 바로 돌아서서 어떤 숫자인지 외어 보라고 해도 외우지 못한다. 우리나라 사람들에게는 그런 그들이 어이없을 정도다. 하지만 숫자가 중요한 것이 아니다. 익히 잘 알려진 얘기지만, 영어로 일곱 자리의 숫자를 발음하는 것은 생각보다 오래 걸린다. '793-8567'이라는 숫자를 영어로 발음하고, 한국어로도 발음해 보라. 2초 안에 할 수 없다면 기억할 수도 없다.

유권자들의 마인드는 점령하기 힘든 인지 심리학의 세계다(인지 심리학을 공부하고 그 언어를 이해하는 것 자체가 때때로 불가능해 보일 정도다). 상품을 파는 마케터들은 한발 더 나아가, 한 개의 영역에 한 개의 단어를 심는 포지셔닝 전략을 구사해 왔다. 건전지는 오래가는 건전지가 좋을 것이다. 그래서 그들은 '지속'이라는 단어를 심는다. 소포는 빠르게 배송되기를 소비자들이 바랄 것이다. 그래서 '빠름(익스프레스)'을 심는 상품이 다른 모든 커뮤니케이션을 물리칠 수 있었다. 삼양라면은 '원조'이기를 원했고, 더블에이 복사지는 '노 잼'(No jam)으로 시장을 점령했다.

하지만 선거 캠페인에서는 하나의 단어로는 충분치 않다. 후보자는 한 명이지만, 정책은 꾸러미로 만들어져 있다. 후보는 한 명이지만, 그가 다루어야 할 영역은 수십 개를 훌쩍 넘어 버리는 게 캠페인 전쟁터다(꾸러미와 관련된 캠페인 법칙들은 다음 장에서 자세히 다룰 것이다). 그래서 선거 캠페인에서는 싱글몰트 메시지가 필요하다. 단어가 아니라 메시지를 심는 것이 중요한 것이다.

'노 잼'보다는, 걸리지 않으면 스트레스도 없다는 "노 잼, 노 스트레스"(no jam, no stress)가 캠페인에서는 더 좋다. "한국 지형에 강한 애니콜"이라면, 더 이상 말하지 않아도 모토롤라를 상대하는 캠페인의 메시지를 충분히 담고 있다.

2초 안에 발음할 수 있는 단 한 개의 메시지. 싱글몰트 메시지를 염두에 두고, 캠페인 전쟁터로 한발 더 들어가 보자.

포지셔닝 이론의 선거 캠페인 적용

앞서 언급했던 마케팅 불변의 법칙을 떠올려 보자. 사람들의 마인드에 들어가는 가장 쉬운 길, 아니 거의 유일무이한 길은 인식의 사다리 첫 번째 가로대를 차지하는 길이다. 하지만 문제는 소비자들이건 유권자들이건 그들의 머릿속에는 이미 많은 영역에서 첫 번째를 차지하고 있는 캠페인 경쟁자들이 존재하고 있다는 사실이다(그래서 포지셔닝 전략이 필요한 거지만).

예를 들면 이렇다. 박근혜 후보는 여권의 첫 번째 대선 후보이다. 그걸 아니라고 유권자들을 설득하는 일은 거의 불가능해 보인다. 김대중 후보가 경제 대통령 이미지에서 1등을 차지하고 난 후에는 이회창 후보는 늘 2등에 머물 수밖에 없다(그것도 잘해야 2등이라도 할 수 있다). 이회창 후보가 김대중 후보보다 경제문제에 더 정통하다는 설득은 오리의 첫 번째 사랑을 빼앗는 것처럼 어려울 것이다.

"바보야, 문제는 경제야"라고 유권자들이 외치는 순간, 정동영 후보는 이명박 후보를 이길 수 없다. 변화를 원한다면 오바마 대통령이 1등이다. 작지만 강한 정부를 원한다고? 유권자들에게 물어 보라. 1등은 언제나 레이건 대통령이 차지할 것이다. 누가 더 준비된 대통령 후보냐고 물으면, 보나마나 김대중 후보가 1등일 게 분명하다.

그래서 마케팅 전문가들은 새로운 영역을 찾는다. 주행 기계 BMW가 있다면, 안전한 볼보자동차도 있다. 캐딜락이 있으면 폭스바겐도 잘 팔린다. 라거 맥주도 있고, 흑맥주도 있다. 패스트푸드가 번창한다면, 아마 슬로푸드도 번창할 것이다.

이런 영역 나누기는 마케팅 전문가들이 사용하는 포지셔닝 전략의 주요한 한 부분이다. 그들도 상품을 광고하지 않고, 정교한 캠페인을 통해 포지셔닝한다. 소비자들의 머릿속 블랙박스 안에 새로운 영역을 만들어 내는 것이다. 영역을 분할하거나, 새로운 영역에 이름을 붙이거나 모든 목표는 하나. 첫 번째가 되는 것이다.

하지만, 누구나 언제나 자신의 영역을 갖고 첫 번째가 될 수 있는 것은 아니다. 애플이 아이폰을 만든다고 해서, 삼성이 스마트폰을 포기할 수 있는 것은 아니다. 그렇다고 언제까지나 2등으로만 만족할 순 없고 1등을 차지할 때까지 노력한다.

선거 캠페인에서 민주당에게는 2등 전략이란 있을 수 없다. 한 표라도 모자라면 지는 선거에서는 1등 전략이 필요하다.

김대중 대통령의 포지셔닝 전략

1995년 정계 복귀 후 김대중 당시 새정치국민회의 총재는 거의 모든 영역에서 유권자들의 '인식의 사다리', 세 번째나 네 번째의 가로대를 차지하고 있었다. 그 당시 김대중 후보는 자체 여론조사 팀을 운용하고 있었는데, 후보 이미지 조사와 적합도 조사 결과는 실망을 넘어 참담한 수준이었다.

하지만 여기서 놀라운 점은, 조사 결과가 아니라 김대중 후보가 당시 조사를 통해 알고자 했던 것이 무엇인지를 눈여겨봐야 한다는 점이다. 김대중 후보가 자신의 조사팀에게 원했던 건 단순한 선호도 조사가 아니라, 포지셔닝 전략을 수립할 매우 혁신적인 조사였다. 포지셔닝 전략에 충실한 새로운 발상과 그걸 수행해 가는 전략가로서의 면모가 빛나는 순간이었다.

예를 들어 보자. 그 당시 한국의 정치적 지형은 군사독재를 끝내고 정주영 후보와 국민당의 정치권 진입을 열어 주었다. 하지만 그 후 선거에 패배한 정주영 후보와 국민당은 통째로 전쟁터에서 사라져 버린다. 그렇지만, 후보와 당이 빠져나간 전쟁터에는 아직도 '정주영 표'로 불리는 일단의 '그네를 타는 유권자'[스윙 보터스(swing voters)라고 불린다]가 남겨져 있었고, 이들 표는 다음 대통령 선거에서 어떤 경향성을 갖고 한꺼번에 그네를 타듯 다른 후보에게 표를 던질 가능성이 농후한 유권자 군이었다.

김대중 후보는 이런 스윙 보터스에 주목했고, '경제'라는 영역이 포지셔닝 전략의 '영역 분할'에 적합하다는 것을 포착해 낸다. 그다음 문제는 어떻게 분할된 영역에서 첫 번째 가로대를 차지할 것인가의 문제였을 것이다.

김대중 후보는 여기서도 영리한 선택을 한다. 커뮤니케이션이 아니라 메시지가 필요한 때라는 것을 안 것이다. 하버드 대학교 경제학과의 교과서로 사용되는 '대중경제론'이라는 저서를 아이콘으로, 젊은 날 목포에서 해운업 사장을 지냈던 성공한 사업가라는 메시지를 끊임없이 반복했다. 그리고 그런 메시지 전략과 '준비된 대통령'이라는 포지셔닝 전략을 통해 '경제 영역'에서 김대중 후보가 첫 번째 가로대를 차지하는 대성공을 거두게 된다.

정권 교체라는 전통적인 선거 캠페인을 과감히 버리고 새로운 영역으로 뛰어들기로 결심한 김대중 후보의 결단도 놀랍고, 새로운 전략을 수립하고 실행해 가는 행보도 놀라울 따름이다. 김대중 후보의 이런 포지서닝 전략은 결코 임시방편적인 것이 아니었다. 오랜 세월 차근차근 준비해 온 결과였고, 누구보다 열심히 선거 정치를 배우고 익힌 탐구의 결과였다. 두꺼운 돋보기안경을 끼고 캠페인 전쟁을 공부하던 김대중 후보의 모습이 눈에 잡히듯 선하다.

제3장

캠페인 불변의 법칙

유권자들이 몰려 있는, 불쑥 솟아올라 있는 그곳에서 선거전이 치러진다. 많은 유권자들이 몰려 있지만 싸울 공간은 몹시 좁은 전쟁터이다. 선거 전략이란, 이 좁은 전투의 전쟁터를 준비하는 일에 다름 아니다.

이제 마케팅 불변의 법칙을 선거 캠페인의 영역으로 가지고 와 곰곰이 생각해 보자. '인식의 사다리'라는 비유는 탁월하지만, 상품을 파는 시장을 벗어나 선거 캠페인 시장으로 넘어 오면 고개가 갸웃해진다. 더 많은 상품을 팔기 위해서는 더 좋은 상품보다는 최초로 시작하는 것이 낫고, 사람들 기억 속에 맨 처음 들어가는 것이 훨씬 쉽다고? 선거 시장에서는 꼭 그렇지만은 않다.

우리나라에서 최초로 미니스커트를 입은 여성은? 가수 윤복희다. 여기까지는 마케팅 불변의 법칙이 말한 그대로일 것이다. 윤복희는 사람들 머릿속에 우리나라에서 최초로 미니스커트를 입은 여성으로 남아 있고, 이런 기억은 절대 사라지지 않는다.

하지만 30년 전에 미니스커트는 별로 팔리지 않았음에 틀림없다. 스커트를 만드는 공장에서도, 스커트를 파는 도매상에서도 미니스커트는 잘 만들지도 않고 잘 팔리지도 않았다. 공장도 도매상도 잘 팔리지 않는 스커트는 만들지도 않고 팔지도 않는다.

다시 선거 시장으로 돌아와 보자. 선거 시장에서는 1등이 아니면 전부 꼴찌 상품일 뿐이다. 승자 독식이라고 불리는 다수결 원칙이 적용되는 시장이다. 그러니 미니스커트 영역에서 아무리 1등을 한다 한들 공장과 도매상은 미니스커트를 만들거나 판매할 수 없다. 선거 캠페인 전략가들이 공장이고, 정당의 홍보팀과 조직팀이 도매상인 선거 시장에서는 미니스커트는 파는 순간 망하는, 독배와 같은 상품이 되고 만다.

그렇다고 마케팅 불변의 법칙이 중요하지 않은 것은 아니다. 다만, 승자 독식의 선거 시장에서는 우리가 지켜야 할 '캠페인 불변의 법칙'이 하나 더 추가될 뿐이다.

가운데로 달려가라

정상분포 곡선이라는 개념이 있다. 수리적 모델이기는 하지만 종 모양으로 봉우리가 하나이고 좌우대칭으로 좌우가 같은 모양을 하고 있는 분포를 말한다. 예를 들면, 사람의 키를 분포도로 만들어 그려 보면 종 모양의 곡선이 그려진다. 가운데 부분에 가장 많은 사람들이 몰려 있고, 양쪽 끝으로 갈수록 점점 숫자가 줄어들 것이다. 우리가 하루 종일 길을 걸으며 만날 수 있는 사람들의 키를 상상해 보자. 아마도 하루 종일 걷다 보면, 평균 키를 가진 사람 혹은 그 언저리의 사람들을 만날 기회가, 농구 선수처럼 크거나 아주 작은 사람들을 만날 기회보다 훨씬 많다는 것을 알게 될 것이다.

이런 정상분포는 우리들 세상 여러 곳에서 만날 수 있다. 몸무게, 인간의 심리적 특성, 심지어 고속도로를 달리는 자동차의 속도조차 정상분포를 보인다. 평균 속도로 달리는 운전자가 아주 빠르거나 아주 느리게 달리는 운전자보다 훨씬 많고, 그 분포는 봉우리가 하나인 종 모양의 분포를 갖고 있다.

왜 이런 모양의 분포가 만들어지는 것일까? 대답은 '잘 모르겠다'가 정답이다. 다만 우리는 경험적으로 세상의 많은 것들이 이런 분포를 갖고 있음을 알고 있다(창조주가 세상을 이런 식으로 만들었다고 주장할 수도 있다). 그래서 티셔츠를 만들어 파는 시장에서는 가운데 봉우리 근처의 사람들에게 맞는 사이즈를 가장 많이 생산해 낸다. 재고도 가장 넉넉히 가져갈 것이다. 아주 크거나 아주 작은 사이즈는 여간해

독일 1마르크 지폐에 그려져 있는 정규분포곡선, 앞면에는 이 곡선을 발견한 독일의 수학자 가우스가 그려져 있다.

서는 만들지 않는 것도 이런 분포에 대한 믿음 때문이다. (정상분포 곡선과 관련된 연역적 모델은 우리가 사용하는 통계와 조사 방법론의 근간을 이루고 있다. 정상분포 곡선 외에도 역함수가 갖는 분포도 자연계의 신비한 질서를 느끼게 해주는 놀라운 함의를 갖고 있다.)

공공 선택론의 중요한 공리 중 '중위수 이론'(median voter theorem)도 이런 정상분포 곡선의 모델을 바탕으로 여러 정치적 현상을 설명하려고 노력해 왔다. 양당제 대의 민주주의에서 정견이 중간 지역으로 몰릴 수밖에 없는 원리 같은 것에 대한 연구가 그런 노력들 중 하나이다.

'디렉터의 법칙'이라고 알려진 재분배에 관한 연구 결과는 재분배가 소득분포의 양쪽 끝부분으로부터 가운데 부분으로 일어난다는 것을 보여 주고 있고, 더글러스 레이(Douglas Rae)는 양당제에서 중위수 투표자가 원하는 정치적 입장으로 두 당이 수렴되어 간다는 실증적 연구 결과를 보여 주기도 했다. 이런 분석은 승자 독식형 선거에서 투표가 이루어진다는 것을 전제로 한 연구 결과들이다.

이런 중위수 모델은 연구자들의 의도와는 상관없이 선거 캠페인 전략가들에게 아주 단순하고 명쾌한 캠페인 전술을 제시해 준다. "가운데로 달려가라!"는 것이다. 이런 결론에 어려울 건 아무것도 없다. 오히려 전략가들의 문제는 어떻게 중위수를 알아낼 것이냐 하는 방법론에 놓여 있다.

이론은 단순하고 명쾌하지만, 실제 적용은 어려운 것이 중위수 이론이다. 유권자의 분포를 조사하는 건 생각보다 꽤 까다로운 작업인데, 많은 비용과 시간이 소비된다. 그래도 전략가들은 불만 없이 이런 작업들을 묵묵히 수행하고 있다. 일단 어떤 영역에서 유권자 분포를 정확히 그려 낼 수만 있으면 중위수의 위치도 알 수 있고, 어디로 달려갈지 확신할 수 있기 때문이다.

실제로 영국의 노동당은 이 단순한 해법을 놓치지 않고 죽어라 가운데로 달려가서 승리했다. 하지만, 현실은 이론만큼 단순하지 않다는 게 문제다. 영국의 노동당은 굴드라는 영악한 전략가를 영입하고도 15년이나 걸려서야 이 문제를 풀 수 있었다.

중위수 이론이 그렇게나 단순하고 직관적인 답을 준다면, 어째서 '가운데로 달려가는 일'이 그다지도 힘든 것일까?

중도를 중위수와 착각하면 선거를 망친다

사람들은 가끔 '중도'라는 개념을 '중위수'와 혼동하는 경향이 있는 것 같다. 간단히 말하면, 중도는 유권자 분포를 재는 줄자에 관한 개념이고 중위수는 유권자 분포가 보여 주는 판에 관한 개념이다. 키를 재는 줄자에는 눈금이 있고 2미터짜리 줄자는 가운데 눈금이 1미터 근방일 것이다. 중도란 바로 그 1미터가 표시된 근방의 눈금을 의미할 뿐이다. 중위수는 아마 그보다는 훨씬 높은 곳 1미터 70센티미터 근방 어딘가 사람들 키의 분포 판 한가운데 놓여 있을 것이다(정상분포 곡선에서는 평균 값과 최빈값, 그리고 중위수가 같은 곳에 위치한다).

좀 더 쉽게 이해하기 위해 예를 들어 보자. 최근에 우리는 서울시에서 벌어졌던 무상 급식에 관한 주민 투표를 흥미진진하게 바라본 경험이 있다.

우리가 흔히 합리적이라고 생각하는 사람은 양극단으로 치우치지 않고 왼쪽 사람 얘기도 잘 들어 주고 오른쪽 사람 처지도 잘 이해해 주는 균형 잡힌 사람이라고 생각할 수 있다. 그리고 이런 합리적이고 균형 잡힌 사람을 무심코 중도적인 사람이라고 생각하기 쉽다.

심리학에서는 감정 표현을 억제하고, 자신의 주장을 잘 드러내지 않으며, 협조적이고 동조심이 강한 사람들을 '타입C'라고 분류한다. 우리는 이런 사람들을 보통 '좋은 사람들'이라고 부른다. 중도라는 표현도 여기에 가까운지 모르겠다. 그리고 이런 중도적인 사람이 어떤 분포의 가운데 중위수를 차지하고 있을 것이라고 은연중에 믿어 버린다.

하지만 중도와 중위는 엄연히 다르다. '타입C'에 속하는 사람이 반드시 좋은 사람도 아니고, 그런 사람이 어떤 분포의 중위를 이루고 있으리라는 보장은 어디에도 없다. '타입C'에 속하는 사람들은 스트레스로 각종 질병에도 더 많이 노출되고 쉽게 쓰러져 버린다고 한다. 오히려 중위수를 이루기 힘든 타입이라고 봐야 옳다(중위수에 위치한 사람들의 생존할 확률이 더 높아야 진화의 경쟁에서 승리할 가능성도 그만큼 높아질 것이다).

오세훈 시장의 오판

서울시 주민 투표로 돌아가 보면, 오세훈 당시 시장은 자신의 정책 제안이 합리적이고 순리적이며 매우 중도적인 생각을 담고 있다고 믿었을지 모르겠다. 무상 급식을 아예 하지 말자는 제안도 아니고, 더 많은 혜택이 필요한 아이들에게 더 많은 지원을 하자는 제안이다.

차별적 지원이 아이들에게 자괴감을 줄 수 있다면, 시간을 두고 지혜를 발휘해 좋은 방법을 모색한 후에 점진적으로 시행하자는 제안이기도 하다. 예산 문제도 고민해야 하니, 오세훈 시장의 주장이 좀 더 합리적이고 균형 있는 제안 아닌가 말이다. 최소한 '타입C' 사람들은 그렇게 생각할 것이다.

하지만, 실제 유권자의 분포도에서 봉우리는 이런 생각과는 전혀 다른 곳에 위치해 있는 모습이었을 것이다.

중도적인 시각이나 생각과는 달리 무상 급식은 일종의 사적 재화를 공공재에 '끼워 팔기'하는 전형적인 재분배 게임이라고 할 수 있다. 원래 순수한 공공재는 비분할재(indivisibilities)로 생산되고, 결합재(jointness)로 공급되는 재화이다. 쉽게 말하면, 어떤 한 사람이 이 재화를 소비한다고 해서 다른 사람이 그 재화를 소비하는 데 조금도 영향을 미치지 않으며, 일단 공공재가 공급된 후에는 타인이 그 재화를 소비하지 못하도록 막을 수 없다는 특징을 갖는다. 대표적인 공공재로는 등대, 국방이나 지하철 안전문 등을 들 수 있다.

하지만 많은 경우, 선거를 통해 공급되는 재화들은 이런 공공재에만 국한되지는 않는다. 도로나 항만 시설처럼 특정 지역에만 혜택이 돌아가는 배타적인 공공재도 많고, 무상 급식과 같은 복지 정책도 유권자들에 따라서는 공공재라기보다는 사적 재화로 인식하는 경향이 매우 강하다.

따라서 많은 유권자들은 선거 시장을 통해 사적 재화를 공공재에 끼워 넣는 거래를 선호하는 경향이 있다. 비용 분담은 조세 제도를 통해 전체로 흩어지게 하거나 좀 더 사적 이익에 유리한 쪽으로 설계될 수 있는데, 정치인들은 이런 방식으로 유권자들과 암묵적인 담합을 통해 표를 거래하는 방식을 잘 알고 있다.

오세훈 시장과 그의 전략가들이 좀 더 철저했더라면, 그들은 이런 유권자들의 경향에 주목했을 것이고, 처음부터 지는 선거를 피할 수 있었을지도 모르겠다.

판의 이동

중위수 이론은 여기서 그치지 않는다. 절세가인은 변덕스럽다고 하지 않던가. "가운데로 달려가라"는 캠페인 제1법칙은 단순하고 명쾌하지만 다루기도 어렵고 정확한 그림을 그려 내기도 어렵다.

무엇보다 유권자들의 생각이 늘 바뀌고 변덕스러운 탓이다. 다시 포물선과 줄자로 돌아가 보자. 줄자는 언제나 그곳에 있다. 줄자는 변함이 없다. 하지만 포물선은 늘 변한다. 모양도 변하고 위치도 바뀐다. 사람들의 생각은 멈추는 법이 없다. 우리는 흔히 ‘선거판’이라는 말을 쓴다. 유권자의 분포가 달라지는 것을 표현하는 말이다. 선거판이라는 표현은 오묘한 구석이 있다. 사람들이 인식하고 쓰는 것 같지는 않지만, 중위수 이론을 은유하는 매우 정확한 표현을 담고 있다.

미니스커트는 30년 전만 해도 우리들 줄자의 중위수에서는 왼쪽으로 한참을 떨어져 있었을 것이다(진보적이라는 의미에서 왼쪽이라는 표현을 썼다). 윤복희가 미니스커트를 입고 비행기 트랙을 내려 왔다던 그 시절에는 아마도 스커트에 관한 한 ‘극좌파’에 속했을지 모르겠다.

오늘날 거리에는 미니스커트가 넘친다. 하의 실종이라는 말도 더 이상 낯설지 않다. 그래도 아마 중도적인 사람들은 아직도 스커트의 길이는 무릎 근처가 알맞다고 생각할 것이다. 줄자는 변함이 없고 가운데 눈금도 변함이 없다. 중도적인 사람들은 그것이 균형 잡힌 생각이라고 믿는다. 하의 실종이라니. 세상이 말세라고 한탄할 만하다. 하지만 스커트 길이에 관한 한, 무릎 근처가 중도적일지는 몰라도, 스커트 시장의 중위수 소비자는 무릎에서 한 뼘 정도는 더 올라간 짧은 스커트를 선호할 게 분명하다.

오세훈 시장도 이런 유권자 분포 판의 변화에 당황했던 건지도 모르겠다. 10년 전쯤이라면 보편적 복지라는 주장은 중위수에서 왼쪽으로 멀찍이 떨어져 있던 급진 좌파적 정책이지는 않았을까. 민주당이 복지 문제에 대해 이런 정도의 정책을 내놓은 적이 있었던가. 민주당조차 그러지는 못했다. 세상이 변하고 있는 것을 우리도 오세훈 시장도 눈치채지 못했던 건 아닐까. 어느 날 문득 미니스커트를 선호하는 소비자들의 변화를 눈치채듯, 복지에 관한 유권자들의 변화에 여야 모두 당황하고 있는 건 아닌지 모를 일이다.

이론은 단순하지만, 실천은 어려운 일이 중위수 전략인 것을 어쩌랴.

캠페인 불변의 법칙에도 함정은 있다

"가운데로 달려가라."는 단순하고 명쾌한 캠페인 법칙에도 함정이 있다. 제3의 후보라는 복병이 바로 그것이다. 선거 정치도 가끔 시장을 닮아 있다는 것을 깨닫는 경우가 많은데, 제3의 후보도 그중 하나일 것이다.

마케팅 전문가들은 늘 1등을 꿈꾸지는 않는다. 그들의 목적은 승리가 아니라 '시장 점유율'이다. 적당한 시장 점유율만 유지하면 그럭저럭 먹고살 수도 있고 고객도 잃지 않을 수 있다. 심지어 "아비스는 렌터카 사업에서 2위입니다. 하지만 그래서 기다려야 하는 카운터의 줄도 짧습니다."라는 2등 전략도 구사할 수 있다.

선거 정치도 마찬가지다. 선거 캠페인이라고 모두 다 1등 전략만을 향해 뛰는 것은 아니다. 김종필 씨는 2등 전략이 최선이었을 것이다. 전당대회에서도 당대표보다는 최고 위원을 노리는 2등 전략이 있을 수 있다. 민주노동당과 진보신당도 2등 전략을 최선이라고 생각할지 모르겠다. 그래서 선거전에는 늘 제3의 후보가 차고 넘친다.

제3의 후보가 꼭 캠페인 경쟁자일 필요도 없다. 영국 노동당이 가운데로 달려가지 못한 이유는 당내 좌파 세력인 노조 위원장들의 거센 반발 때문이었고, 밥 돌 공화당 대선 후보는 '미국과의 계약'이라는 공화당 캠페인에 발목이 잡혀 선거를 망쳤다. 아이러니하게도 40년 만의 성공적인 공화당 캠페인이 정작 밥 돌 자신에게는 가운데로 달려갈 수 없는 족쇄였던 것이다.

제3의 후보들

학자들은 '제3의 후보'라는 영역에도 경향성이 존재하고, 예측 가능한 모델이 존재한다고 생각하는 것 같다. 선거 승리를 위해 중위수 투표자로 접근하려는 노력은 영악한 후보와 전략가들을 중위수에 제일 가까운 점으로 달려가게 만들겠지만, 그럴 경우 두 가지 가정을 염두에 두어야 한다. ① 우선 무관심(indifference)에 관한 문제이다. 중위수로 몰려든 후보들의 입장이 이건지 저건지 너무도 비슷해서 투표할 가치를 못 느끼는 경우이다. ② 두 번째는 소외(alienation)의 문제인데 이 경우는 좀 더 심각한 문제를 야기시킨다. 중위수로 달려간 후보가 투표하기에는 너무 멀다고 느끼는 좌우 양쪽에 위치한 유권자들을 노리고 제3의 후보들이 선거 시장에 뛰어드는 상황이 만들어진다.

여기서 좀 장황한 면이 있지만, 2011년 9월 19일자『조선일보』김대중 칼럼을 들여다보자.

이제까지 이 나라의 보수 우파 진영은 선택의 여지없이 언필칭 '보수정당'이라는 한나라당을 찍어 왔다. 한나라당을 전적으로 지지해서가 아니었다. 안보 문제에서, 경제 문제에서, 북한 문제에서 그래도 한나라당이 낫다고 해서 그랬다. …… 이 '전통적 지지 세력'이 깨지고 있다. 보수 우파 사람들이 이 숙명적(?) 관계에 의문을 갖기 시작했다. 한나라당이 반드시 그들의 이념을, 그들의 이익을 대변한다고 볼 수 없다는 것이다. 이들은 화가 나기 시작했다. 한나라당과 한나라당 의원, 한나라당 대권 주자들이 보수 우파 세력을 오갈 데 없는 이념적 무능력자로 여기며 자신들을 장중의 물건 취급하는 데 분통이 터진다. 마치 "당신들이 우리 말고는 갈 곳이 어디 있느냐"면서 "당신들은 죽으나 사나 한나라당을 찍을 수밖에 없다."는 오만과 조롱이 극에 달한 느낌이다. ……
그래서 보수 우파 진영은 우파의 다변화를 모색할 수밖에 없다. 이들은 왜 한나라당에만 목을 매야 하는가라는 질문을 던지면서 그들을 대변할 '새로운 보수'의 등장을 요구할 시점에 왔다. …… '새로운 보수'의 길을 염두에 두고 있는 사람들은 보수의 다변화가 결국 우파의 분열을 초래할 것이고, 그것은 좌파 세력에게 정권을 공짜로 갖다 바치는 것이라는 점을 두려워하고 있다. …… 그것이 바로 한나라당의 '보수 독점'이라는 벽을 넘기 어려운 요인이기도 하다.
……

하지만 한국의 보수 우파는 언제까지 '한나라당'에 갇혀 있을 수는 없다. ……
그리고 분열은 '단일화'의 전단계일 수 있다. 야당과 야권은 크고 작은 선거 때
마다 단일화의 드라마를 연출해 결정적 재미를 보고 있는데 보수 우파라고 그
것을 하지 못한다는 법이 없다.

김대중 칼럼은 소외의 문제를 자극하고 가운데로 달려가는 한나라
당에게 제3의 후보로 위협을 한다. 그러면서도 우파 승리 연합을 넌지
시 제시해 한나라당의 오른편 전략에 대해서도 대안을 제시하는 노회
한 모습을 보여 주고 있다.

『조선일보』는 계속해서 사설을 통해, 뉴라이트 전국연합 등 28개
보수 성향 시민 단체 대표로 구성된 서울시장 시민 후보 추대 위원회를
소개하고 이석연 전 법제처장을 시민 후보로 밀기로 했다는 결정을 언
급하며, 다음과 같이 쓰고 있다.

한나라당과 친박 진영이 대선과 총선 승리를 위해 중도 성향 유권자의 표를 얻
겠다는 전략을 세웠다면, 자유주의 시장경제라는 보수의 이념에 충실한 전통
지지층의 신뢰는 어떻게 지켜 나갈 수 있을 것인지도 함께 고민했어야 하고,
지금부터라도 고민해 나가지 않으면 안 된다.

한국 정치의 지형에도 이제 중위수 이론과 더불어 여야를 막론하고
제3의 후보를 고민해야 하는 시대가 오는 건지도 모르겠다.

두 번째 캠페인 불변의 법칙 : 좁은 전쟁터

선거 시장에서 유권자들은 상품을 사는 시장과는 달리 '꾸러미'를 구매한다고 보는 게 현실에 더욱 가깝다. 정치·경제·국방·교육·외교·통일·복지·노인·세금·환경·의료·주택·종교 등, 유권자들이 총선이나 대선을 통해 사고 싶어 하는 정책은 이 밖에도 훨씬 더 긴 목록을 갖고 있을 것이다.

유권자들은 후보들이 약속하는 이 모든 정책을 분석하고, 자신에게 가장 이익을 주는 정책 꾸러미를 골라 낼 수 있을까.

종합 선물 상자

이는 비단 선거 시장에서만 부딪히는 문제는 아니다. 여기 자동차를 사는 소비자가 있다. 수천만 원을 호가하는 상품이다. 대부분의 소비자는 평생 많아야 다섯 대 정도의 차를 산다(평생 대통령을 구매해야 하는 기회는 이보다 많을 것이다!).

소비자는 토크 파워도 살펴보고, 연비도 체크하고, 에어백과 안전장치·색상·디자인, 무엇보다 가격과 할부 프로그램도 살펴보려 할 것이다. 몇 날 며칠을 지치지도 않고 열심히 살펴볼 것이다.

하지만 미시경제학이 아무리 시장의 소비자를 '합리적 효용 극대 추구자'(rational utility maximizer)라고 떠들어도, 이 경우 효용 함수를 다차원으로 모델링할 수 있는 슈퍼 소비자는 어디에도 없다. 소비자들은 기껏해야 "토크파워는 이게 좋고, 색상은 저게 좋고, 가격은 다른 차가 좋은데, 연비는 아무도 이것을 못 따라온다."는 식으로 인식의 영역을 따로따로 나눠서 생각할 뿐이다. 그것을 다 함수관계로 고려해서 고차원적인 결론을 내려 달라고 하면, 우리 가운데 그렇게 할 수 있는 소비자는 아무도 없다.

그래서 포지셔닝이 중요하다. 상품을 파는 전략가는 이런 '좁은 마인드'를 영리하게 이용할 줄 아는 마케터들이다. 영국제 미니는 디자인 영역을 차지한다. BMW는 달리는 기계, 벤츠는 럭셔리 카, 펩시는 젊은 음료, 맥도날드는 '빠른 음식'이고, 버거킹은 '불에 구운 햄버거'이다. 시간은 좀 오래 걸려도 불에 구운 햄버거는 맛있다. 맥도날드가 패스트푸드 영역에서 늘 1등이지만, 버거킹도 절대 망하지 않는다. 버거킹이 1등인 영역도 있기 때문이다. 구운 햄버거 영역에서라면 버거킹도 1등이라는 포지션을 획득했기 때문이다.

좀 더 적나라하게 말하면, 우리 모두는 2차, 3차, 심지어 7차 방정식을 수학 공식을 통해 풀 수 있는지는 몰라도, 실제 생활에서는 1차원적인 인간일 뿐이다.

캠페인 전쟁으로 돌아와 얘기하면, 유권자들은 우리가 기대하는 것만큼 영리하지도 고차원적이지도 않다. 정당과 후보는 온갖 정성을 들여 정책을 개발하고 검증하고, 우선순위를 조정하지만, 유권자들은 그런 정책 꾸러미를 다차원적으로 계산해서 대통령을 뽑지는 않는다.

선거 캠페인은 여러 가지 다양한 상품이 담긴 종합 선물 상자와 같다. 정책 공약을 생각해 보자. 나도 그렇고 상대방 경쟁자도 그렇고, 종합 선물 상자를 골라 보면, 딱히 '이거다' 하기에는 경쟁자의 종합 선물 상자도 빠질 게 없어 보인다. 이것도 좋고 저것도 좋고 백화점에서 선물 세트를 골라 본 경험이 있는 소비자라면 무슨 말인지 쉽게 이해할 수 있을 것이다.

좁은 전쟁을 이해해야 선거가 보인다

이런 이유로 선거 캠페인 전쟁은 한 개나 두 개 정도의 '좁은 전쟁터'에서 막을 내린다. 종합 선물 상자를 선택해야 하는 유권자들의 마인드는 좁고, 계산해야 할 건 너무도 많으니 어쩔 수 없는 일이다. 결국에는 한두 개의 선거 이슈를 두고 3천만 명이 한꺼번에 몰려서 싸우는, 말 그대로 좁은 전투로 승패가 갈리게 된다.

마케팅 불변의 법칙과 "가운데로 달려가라."라는 캠페인 불변의 법칙이 함께 고려되어야 하는 이유가 바로 여기에 있다. 영역을 분할하고 첫 번째로 들어가는 선도자의 법칙이 늘 선거에서 유용하기만 한 것은 아니다.

1등이 아니면 소용없는 승자 독식의 선거 시장은 유권자가 몰려 있는 '중위수'를 차지하는 싸움일 수밖에 없다. 좁은 전쟁터라는 은유도 바로 유권자의 분포 판이 종 모양의 곡선을 그리고 있고 중위수 부분에 유권자들이 몰려 있다는 사실 때문이다. 유권자들이 줄자의 왼쪽 끝에서 오른쪽 끝까지 어느 곳에 몰리지 않고 골고루 평평하게 분포되어 있었다면, 우리는 좁은 전쟁터라는 말 대신 긴 전쟁터라는 표현을 사용했을 것이다.

굳이 중위수 이론에 충실하지 않아도 세상 모든 후보는 직감적으로 가운데로 달려간다. 티셔츠를 만드는 공장도 또 그것을 파는 대리점도 어떤 사이즈의 티셔츠가 제일 많이 팔릴지 짐작할 수 있다. 누가 가르쳐 주지 않아도 이 세상의 많은 분포는 '정상분포 곡선'을 닮아 있음을 알고 있다.

이런 까닭에 유권자들이 몰려 있는, 불쑥 솟아올라 있는 그곳에서 선거전이 치러진다. 많은 유권자들이 몰려 있지만 좁은 전쟁터이다. 왜냐하면 모든 후보가 중위수 유권자에게서 최대한 가까운 곳에 자신들의 공약을 펼쳐 놓고 '호객'을 할 것이기 때문이다.

선거전이 늘 박빙의 승부로 끝나는 이유도 바로 여기에 있다. 미테랑의 물타기 전술도 그렇고, 한나라당의 복지도 그렇고, 비락 식혜를 물 먹이는 맞춤형 식혜도 모두 중위수에 좌판을 벌인다.

선거 전략이란, 이 좁은 전투의 전쟁터를 준비하는 일에 다름 아니다. 그것도 유권자들 인식의 사다리 첫 번째 가로대를 차지한 영역에서 좁은 전투가 벌어져야 승산이 있다. 복지라는 선거 이슈에서는 내가 1등이라고 해봤자 소용없다. 선거 전쟁이 복지 영역에서 벌어지지 않는 한 내가 1등인 복지 영역은 아무 소용이 없다. 구운 햄버거라는 영역에서 좁은 전투가 벌어지면 천하의 맥도날드도 버거킹에 승리할 가능성은 희박해진다.

그러니 선거 캠페인을 기획하는 전략가들은 다른 무엇보다 좁은 전쟁을 준비해야 한다. 첫째도 그렇고, 둘째도 그렇고, 마지막에도 그렇다. 다른 모든 전투는 마지막 좁은 전쟁을 위한 전략적 고려에서 치러지고 기획되어야 한다. 좁은 전투에서 지는 전략가는 결코 캠페인에서 승리할 수 없다. 항우는 수백 번을 이기고도 단 한 번 '해하'(垓下)의 좁은 전투에서 패배해 죽음에 이르고 말았다.

어떤 영역이 내가 승리할 수 있는 '유권자의 사다리'를 갖고 있는지, 주어진 선택 차원에서 유권자들의 인식은 어떤지, 상대방이 준비한 좁은 전쟁터는 무엇인지, 어떻게 해야 내게 유리한 영역을 선거의 마지막 좁은 전투로 만들 수 있는지, 고심할 수밖에 없다.

1994년 깅그리치가 이끄는 미국 공화당은 1950년대부터 무려 40년간이나 의회의 소수당이었다. 하지만 공화당의 깅그리치는 유권자들의 머릿속에서 균형예산이라는 새로운 영역을 개척했고, '미국과의 계약'이라는 미 의회 사상 가장 성공적인 선거 캠페인을 통해 전세를 일거에 역전시켰다.

선거 전쟁이 '미국과의 계약'이라는 영역에서 벌어지면, 승리는 공화당에 있다. '변화'라는 영역이라면 오바마 후보가 승리할 것이다. '준비된 대통령'이라면 김대중 후보도 해볼 만한 전쟁이 된다. '제3의 길'에서 싸움이 벌어지면 영국 노동당이 승리할 가능성이 농후해진다. '바보야, 문제는 경제야!'라고 유권자들이 떠들기 시작하면 클린턴이 대통령에 당선될 것이라는 얘기다.

제4장

캠페인 전쟁의 전술

오다 노부가나는 품위 있는 모든 전쟁의 규칙을 깨버렸지만, 풍림화산의 붉은 기마대는 보병들의 총탄에 사라져 갔고, 역사도 그를 영웅이라 부른다.

이제 우리는 캠페인을 실행하는 전술들에 대해 알아볼 차례가 되었다. 사실 캠페인을 수행하는 전술에는 정해진 규칙이 없다. 전쟁의 규칙을 세워 놓고 그 규칙을 철저히 따르는 일은 이미 전술적이지 않은 일이다.

전략이 세워지면 전술은 능소능대. 규칙에 얽매이지 않는 유연하고 창의적인 상상력이 필요해진다. 이 장에서는 그저 몇 가지, 선거 캠페인에서 흔히 사용되는 전술들에 대해 정리해 볼 것이다. 그래도 그런 전술들이 주는 함의는 결코 작은 것들이 아니다. 도구를 익힌다고 누구나 아름다운 예술품을 만들 수 있는 것은 아니지만, 그래도 필요조건은 도구의 사용법을 익히는 일이라고 믿는다.

도전자의 전략

우리는 경쟁자들과 다투는 전쟁터가 시장이든 선거 캠페인이든 그곳에는 언제나 리더가 있다는 것을 알고 있다. 때로는 난공불락의 리더가 태산처럼 버티고 있는 것이 시장이고 정치적 환경이다. '삼성이 만들면 다르다.'라고 유권자들은 굳게 믿고 있고, 박근혜의 대세론은 유권자들의 믿음이다. 좀 더 정확하게 말하면 유권자들은 박근혜 후보를 이길 야권의 후보는 없다고 믿는다.

이럴 때 도전자의 전략은 리더를 향한 재포지셔닝이다. 이 아이디어도 전혀 새로울 건 없다. 하지만 응용은 어렵다. 누구나 알 수는 있어도 쉽게 쓸 수 있는 전략은 아니다.

재포지셔닝 전략이 잘 먹히는 이유는 사람들의 들여다보기 습성에 기인한다고도 할 수 있다. 스캔들은 언제나 잘 먹히고, 폭로는 드라마틱하다. 우리는 이회창 후보가 재포지셔닝 전략에 얼마나 취약했는지 경험으로 알고 있다. 리더가 강하면 강할수록 재포지셔닝 전략은 더 효과적일 것이다.

여기서 한 가지 짚고 넘어갈 건, 재포지셔닝 전략을 네거티브 캠페인과 혼동하지 말라는 것이다. 아래 장에서 자세히 다룰 네거티브 캠페인은 아주 다른 캠페인 전략이고, 그래서 우리는 이를 '마이너스 캠페인'이라고 부르기로 했는데, 아무튼 여기서 다루는 재포지셔닝 전략과는 구분해야 할 전략이라 하겠다.

우리가 폭로나 혹은 거품을 제거하는 방법으로 재포지서닝하는 전략을 포지서닝 전략에 포함시키는 이유는, 그것이 새로운 영역을 나누는 방법이고 그 결과 새로운 영역에 반드시 내가 첫 번째 가로대를 차지하는 사다리를 만들 수 있어야 하기 때문이다. 그렇지 않다면, 어쩌면 폭로전은 이전투구의 진흙탕 싸움이 되어 결국 내게도 흠집을 남기는 자살골이 될 수도 있다.

이해를 돕기 위해, 재포지서닝에 대한 마케팅 사례를 몇 가지 들여다보기로 하자. 이 사례는 잭 트라우트와 알 리스가 쓴 『포지서닝』이라는 책에 나오는 사례들이다.

재포지서닝 전략으로 효과를 얻으려면 경쟁사의 상품에 대해 소비자의 마인드에 변화를 일으킬 그 무언가를 말하지 않으면 안 된다. 당신의 상품이 아니라 경쟁 상대의 상품에 대해서 말이다.

"영국의 스톡온트렌트산 자기, 로열 다울턴 대 뉴저지 주 파모나산 자기, 레녹스."

대부분의 구매자가 수입품이라고 생각했던 레녹스 도자기를 로열 다울턴이 어떻게 재포지서닝하고 있는가 주의해서 보라(레녹스? 영국적으로 들리는 이름이 아닌가).

로열 다울턴은 이 광고 하나로 시장 점유율 6퍼센트 상승이라는 성과를 얻었다.

이런 재포지셔닝 전략은 엄밀히 말해서 상대방에 대한 흑색선전은 아니지만, 일정 부분 폭로전의 성격을 갖고 있다. 레녹스라는 도자기 제품이 영국산이 아니라는 사실은 거짓말과 흑색선전은 아니다. 레녹스라는 제품의 영역을 면밀히 분석한 후 그들의 위치를 재포지셔닝함으로써 내 상품이 들어갈 영역을 만든다는 것이 이 전략의 요체이다.

단순히 폭로전을 통해 상대방의 지지를 마이너스로 유도하는 네거티브 캠페인과의 차이가 여기에 있다. 레녹스 제품이 영국산이 아니라는 사실은 내가 팔고자 하는 상품이 영국산 제품이라는 것을 전제로 해야 한다.

맥도날드 햄버거가 표준화된 입맛을 빠르게 만족시키는 시장의 리더였다면, 버거킹은 '취향대로 만들어 먹을 수 있는 햄버거'라는 영역의 리더이다. 그럴 때 버거킹은 "우리 햄버거에는 튀긴 고기가 아닌 구운 고기가 들어간다."라는 재포지셔닝 전략을 사용할 수 있다.

리더를 재포지셔닝하는 전략은 이렇듯 상대방에 대한 폭로전으로 그쳐서는 안 되고, 반드시 재포지셔닝에서 생기는 분할된 영역을 차지할 전략적 고려와 함께 사용되어야만 한다.

시장에서 좋은 포지션을 첫 번째로 차지하고 있는 상품을 인식의 사다리에서 끌어내리는 일은 무모한 정면 승부일 공산이 크다. 사다리의 첫 번째 가로대를 올라가는 일만큼이나 상대방을 두 번째 가로대로 끌어 내리는 일도 결코 쉬운 일이 아니다. 아니, 거의 불가능에 가깝다고 해도 과언이 아니다.

하지만 우리 인간의 머릿속 메커니즘은 포지셔닝에 늘 약하다. 아무리 강한 리더 상품도 인식의 영역을 다른 곳으로 살짝 바꿀 수만 있으면 완전히 새로운 싸움을 해야 하는 처지에 놓인다. 그래서 리더를 재포지셔닝하고 그 틈을 내가 차지하는 전략은 위력적일 수 있다.

이러니 도전자에게 이만큼 효과적인 전략은 없다고 해도 과언이 아니다. 이런 재포지셔닝 전략이 실제 캠페인에서 어떻게 사용될 수 있는지 사례를 들여다보자.

중위수 꺾기

딕 모리스에 대한 이야기는 이제 선거 캠페인에서 레전드 급이라고 해도 과언이 아니다. 그는 유대인이다. (유대인이라는 것 자체가 어쩌면 포지셔닝의 한 예가 될 것이다. 오늘날 세계적으로 성공한 유명인의 직업이 금융인이든 영화감독이든, 아니면 딕 모리스 같은 캠페인 전문가이든 '유대인'이라는 출신 성분 그 자체가 천재적이고 신비적인 무언가를 기대하게 하지 않는가 말이다.)

그가 영리하기보다는 영악한 '고

선거 전략가 딕 모리스(Dick Morris)

용된 총잡이' 같은 인상을 준다는 건 별로 중요할 게 없다. 공화당과 민주당을 넘나들며 어떤 정의라도 상관없이 팔아 치울 수 있는 장사꾼이라는 비난도 전혀 신경 쓸 필요가 없다.

단 한 가지, 딕 모리스가 보여 준 '중위수 꺾기'는 매우 탁월하고 영감 넘치는 전략으로 우리 모두가 주목해야 한다. 잠시 그의 이야기로 들어가 보자.

클린턴 대통령은 딕 모리스와 함께 승리했다. 클린턴이 31살, 딕 모리스가 30살이었을 때 그 둘은 아칸소 주지사 선거에서 함께 승리했고, 결별했다. 클린턴이 주지사 재선에 실패하고, 딕 모리스는 다시 클린턴을 부활시켰다. 공화당 선거 컨설팅을 하면서도 1990년 주지사 선거에서 클린턴을 돕는 관계를 이어 오다, 드디어 1994년 위기에 처한 클린턴 대통령을 구원하기 위해 뛰어 들게 된다. 서로를 너무나 잘 아는 애증의 관계를 무려 17년간 이어 왔다고 한다.

공화당 정치가, 깅그리치 (Newt Gingrich)

1994년이면 너무나도 유명한 뉴트 깅그리치 의원의 '공화당 혁명'이 일어난 11월 중간 선거가 있던 해이다. '아칸소의 애송이들'이라고 불렸던 클린턴과 힐러리 사단이 백악관에서 고립되어 갈 무렵, 깅그리치 의원은 '미국과의 계약'

이라는 캠페인으로 11월 중간 선거에서 40년 만에 상하원에서 모두 승리하는 쾌거를 이룬다. 클린턴은 패배했고, 힐러리는 몰락했다. 아니, 그때는 누구나 다들 그렇게 생각했다. 그리고 클린턴이 재선에 도전할 대통령 선거는 2년 후 1996년으로 다가와 있었다.

이런 배경 속에서, 우리의 관심인 딕 모리스의 중위수 꺾기 전략으로 들어가 보자(당시의 극적인 캠페인 이야기는 여러 책에서 익히 다루었던 내용들이므로 여기서는 이 정도가 적당할 듯하다).

딕 모리스는 당시의 선거 지형에서 크게 두 가지를 직감적으로 짚어낸다. 한쪽 문이 닫히면 다른 한쪽 문이 열리는 게 세상의 이치라고 했던가. 역설적이게도 깅그리치의 중간선거 승리, 그것도 대승리는 클린턴의 중위수 선거 전략에 자유로움을 주었다. 양당제가 고착되어 있는 미국은 제3의 후보 문제에서 자유로운 대신에, 전당대회라는 복병을 숨기고 있다. '후보 지명전'이라고 불리는 이 당내 선거는, '가운데로 달려가라'는 캠페인 제1원칙에 언제나 걸림돌이 된다. 선거 속의 선거라는 당내 중위수 문제가 후보들의 발목을 잡는 것이다.

한국 정치에서는 야권이 늘 이런 문제에 봉착하곤 한다. 여당은 부패 때문에 망하고 야당은 분열 때문에 망한다는 자조 섞인 탄식도 이런 이유에서다. 양당제 아래서 당내 중위수에 발목이 잡히는 것처럼, 야권 통합이라는 문제에서도 늘 이런 왼쪽 편 중위수 문제가 따라다니는 것이다.

이제 2012년 총선과 대통령 선거를 앞두고 민주당은 또다시 야권 연대와 후보 단일화를 논의하고 있다. 선거 캠페인을 생각하면 가운데 로 죽어라 달려가야 하지만, 야권 연대와 후보 단일화를 이루자면 왼편 중위수에 발목이 잡혀 버릴지도 모르는 두려움이 민주당에게는 있을 것이다.

딕 모리스의 대담한 전략

각설하고, 다시 딕 모리스의 중위수 꺾기로 돌아오자. 클린턴은 비록 깅그리치의 균형예산이라는 좁은 전쟁터에 갇혀 참패를 겪었지만, 덕 분에 당내 중위수에서는 자유로운 몸이 된다. 딕 모리스는 직관적으로 여기가 승부처라고 생각했다. 하지만 딕 모리스의 천재성은 조금 다른 곳에서 빛이 났다. 깅그리치가 만들어 놓은 좁은 전쟁터를 전혀 다른 전장으로 바꿀 생각을 한 것이다. 균형예산이라는 좁은 전쟁터를 받아 들이는 대신, '균형예산의 방법론'이라는 중위수 꺾기를 시도하기로 한 것이다.

딕 모리스의 생각은 클린턴으로 하여금 예산 삭감을 통한 균형예산 법안에 무조건 항복하게 함으로써 공화당의 좁은 전쟁터에서 패배했 음을 인정하도록 한 후, 예산 삭감의 문제로 중위수 꺾기를 시도하자는 것이었다.

상대방의 영역에 들어가서 그곳 중위수에 캠프를 치는 것이다. 우리 식으로 말하면 민주노동당이 한나라당의 안보 중위수를 수용하고 거기서 캠페인 전쟁을 시작하는 것과 같은 대담하고 놀라운 전략이었다.

균형예산은 깅그리치가 21세기로 가는 다리를 건설하기 위해 미국과 맺은 계약이다. 국민들이 그것을 원했고, 그래서 깅그리치는 미국의 상하원 모두를 석권할 수 있었다. 국민들이 원하는 건 옳은 일이다. 옳은 일이라면 민주당도 해야 한다. 하지만 균형예산은 정부 지출을 대폭 줄여야 가능한 일이다.

균형예산이 깅그리치의 전쟁터라고 하면, 클린턴 행정부는 정부 지출 삭감이라는 민주당의 전쟁터로 깅그리치의 전쟁터를 꺾어 가면 된다는 게 딕 모리스의 생각이었다. 균형예산을 맞추기 위해 줄여야 할 정부 지출이 노약자 의료보험에 대한 정부 지원을 삭감하는 영역으로 꺾이면, 더 이상 깅그리치는 새로운 전쟁터의 승자가 될 수 없다고 딕 모리스는 판단했다.

균형예산을 맞추기 위한 노력은 클린턴 행정부의 몫이다. 그가 연방 정부의 대통령이기 때문이다. 균형예산은 옳지만, 방법론에 있어서는 타협하지 않는다는 것이 클린턴의 메시지였고, 노약자의 의료보험과 저소득층의 의료보험, 교육, 환경보호는 클린턴 정부가 절대 포기할 수 없는 '도덕적으로 옳은 정책'이라는 메시지를 고수했다.

클린턴은 말했다. 그 밖의 모든 방법에서는 최선을 다할 것이다. 정부 지출을 삭감하기 위해 허리띠를 졸라맬 것이다. 그게 국민이 요구하는 바이고, 깅그리치의 좁은 전쟁터에서 패배한 클린턴 정부가 해야 할 일이다. 하지만 균형예산을 맞추기 위해 정부가 마땅히 해야 할 일을 포기하지는 않겠다. 그리고 클린턴은 최후의 한방을 날렸다. "정부가 마땅히 해야 할 일을 포기해서는 안 된다는 증거가 바로 미국의 복지정책을 통해 오늘날 대통령이 될 수 있었던 빌 클린턴 자신"이라고.

깅그리치는 그때부터 내리막길을 걷기 시작했다. 깅그리치가 원하지는 않았더라도, 유권자들의 마인드에 깅그리치는 재포지셔닝된다. 엄밀하게 말하면 딕 모리스의 중위수 꺾기에 걸려 재포지셔닝 당했다고 하는 게 맞겠다. 노약자의 의료보험과 저소득층의 의료보험, 교육, 환경보호는 도덕적으로 옳은 일이며, 깅그리치는 더 좋은 방법이 있음에도 불구하고 부자들을 위해 마땅히 보호받아야 할 사람들을 희생시키는 나쁜 정치인이 된 것이다.

깅그리치는 그렇게 재포지셔닝 당한 후 다시는 내리막길을 올라가지 못했다.

거울 효과 메시지 : 미러오퍼짓

미러오퍼짓(mirror-opposite)은 거울에 비치는 거꾸로 맺힌 상을 의미하는 말이다. 오른손이 사실은 왼손인 거울 효과를 떠올리면 된다. 선거 캠페인에서 특히 이 말이 중요하게 사용되는 이유는 몇 가지가 있다.

무엇보다 선거 캠페인이 경쟁자 지향적이기 때문이다. 경쟁자 지향적인 이유는 투표 방식 그 자체가 제로섬 방식이기 때문이기도 하다. 내가 상대방의 한 표를 뺏어 오면, 그 효과는 두 배가 된다. 그러니 경쟁자의 불행은 나의 행복이라는 거울 효과가 있다. 기왕이면 다홍치마라고, 내가 잘할 수 있는 게 상대방이 못하는 일이면 더 좋다.

그래서 거울 효과를 갖는 메시지 전략은 선거 캠페인 메시지 제1법칙이 될 수 있다. 오바마가 '변화'를 외치면 매케인(John Sidney McCain)은 저절로 '과거에 매달리는 사람'이 된다. 할아버지와 아버지 모두 미 해군에서 제독을 지냈고, 베트남 전쟁에 전투기 조종사로 참전해 5년 반이나 전쟁 포로 생활을 했던 전쟁 영웅도 속수무책이다. '소신과 원칙'이라는 단어는 '변화'라는 거울 효과에 '시대에 둔감한 보수주의자'라는 이미지로 변하게 된다.

클린턴이 "바보야, 문제는 경제야!"라고 외치면, 더 말하지 않아도 부시는 경제를 망친 멍청이로 인식된다. 레이건의 '작고 강한 정부'를 떠올리면 그 반대편에는 경제문제를 해결하지 못하고 이란 인질 사태에 발목이 잡혀 있는 '방만하고 초라한' 지미 카터 정부가 떠올라야 한다. 그게 바로 거울 효과 메시지다.

하지만 조심할 게 있다. 거울 효과 메시지 전략은 방심할 수 없는 양날의 칼 같은 전략이다.

만약 미국 유권자들의 시대적 요구가 '변화'라는 것을 여론조사 전문가들이 알아냈다고 치자. 거기에 부응하는 것이 최선의 선거 전략이라고 믿는 어느 멍청한 전략가를 상상해 볼 수 있다. 그리고 그 전략가는 돈이 넘치는 부시 대통령의 전략가였다고 상상해 보자. 8천만 달러의 광고 비용을 기꺼이 지불하며 전국 네트워크 텔레비전에 부시가 '변화'를 외친다. 하지만 결과는 거의 재앙 수준이 될 게 뻔하다. 부시가 변화를 외친다고 오바마가 '과거에 매달리는 사람'이 될 리가 없다. 오히려 '과거에 매달리는 부시'가 스스로 마실 물에 독약을 타는 셈이 될 것이다(실제로는 매케인이 이런 캠페인의 주인공이 되어야 하지만, 오바마는 영리하게도 "공화당 정부는 8년이면 충분하다."는 메시지 전략도 함께 구사했다).

이런 상상이 무리가 있다고 생각한다면, 이런 예를 상기해 볼 필요가 있다. 마케팅에 종사하는 사람들도 선거 캠페인에 종사하는 사람들처럼 객관적인 시장 조사 결과에 집착하는 경향이 있는 것 같다. 소비자가 원하는 게 우리가 원하는 것이라는 믿음이 팽배하다. 소비자 '니즈'(needs)라는 말은 마케팅 업계에서는 귀에 못이 박힐 만큼 흔해 빠진 말이다. 소비자 니즈에 관한 한 경영자들은 거의 강박 관념에 빠져 있다. 『마케팅 불변의 법칙』

미국 43대 대통령 조지 부시
(George Walker Bush)

이 전하는 버거킹의 실수에 대해 잠시 귀를 기울여 보자.

몇 년 전, 버거킹이 이 미끄러운 내리막길을 내려가기 시작해서 아직도 완전히 제자리로 돌아오지 못했다.

시장 조사 결과 패스트푸드의 가장 인기 있는 속성은 '신속'이라는 사실이 밝혀졌다(별로 놀랄 일은 아니다).

그래서 버거킹은 실패한 장사꾼들 대부분이 했던 것과 같은 짓을 했다. 회사는 광고 대행사를 불러 이렇게 말했다.

"만약 세상이 빠른 것을 원하면 우리가 빠르다는 사실을 광고해야 한다."

버거킹이 시장 조사에서 간과해 버린 사실은 맥도날드(McDonald's)가 이미 미국 내에서는 가장 신속한 햄버거 체인점으로 인식되고 있다는 사실이었다. '신속'은 맥도날드의 소유였다.

이런 형편에도 기가 꺾이지 않은 버거킹은 "빠른 시대에 최고의 음식"이라는 슬로건을 내걸고 캠페인을 시작했다.

그 계획은 이내 '허브'(herb)를 넣었던 것과 거의 비슷하게 재난으로 끝났다. 광고 대행사는 해약되고 경영진은 쫓겨나고 회사는 팔렸지만, 내리막길로 미끄러져 가는 힘은 여전히 줄지 않고 있다.

거울 효과 메시지는 강력하지만, 그것을 다루는 일은 생각보다 쉽지 않다는 것을 선거 캠페인 전략가들도 명심해 주었으면 한다.

최근에는 이명박 대통령의 전략가들이 이와 같은 실수를 저지른 예도 있다. 이명박 대통령은 제65주년 광복절 경축사를 통해 집권 후반기 국정 운영 기조를 밝히면서 공정한 사회와 친서민 정책이라는 메시지를 던졌다. 사실 그 내용을 살펴보면 그들이 말하는 공정한 사회란 개인의 자유와 근면, 창의, 친서민 중도 실용과 삶의 선진화, 공정한 지구촌이라는 중언부언의 립 서비스가 대중을 이루고 있다. 하지만 '공정 사회'라는 '싱글몰트 메시지'가 그 모든 것을 덮어 버린다.

원래 메시지란 그런 것이다. 이 싱글몰트 메시지는 유명한 장관의 특채 논란과 김태호 총리 후보자의 인사 청문회 낙마를 계기로 단순한 메시지에서 실천의 문제로, '발등에 불이 떨어지는 사태'(?)로 발전해 버렸다.

공정한 사회란 공정한 경쟁을 바탕으로 하는 것이다. 그리고 한국 정치경제의 최대 '반칙맨'들은 대기업 오너와 정치 권력자들 아닌가 말이다. 대통령과 한나라당은 그 후 좌충우돌, '일감 몰아주기', '오너 일가의 변칙 증여', '터널링', 'MRO 구매 대행을 통한 경제 생태계 교란', '슈퍼 슈퍼마켓'(SSM), '골목길 장사 빼앗기' 등등을 쏟아 내면서 공정해야 할 사회의 반(反)공정 사례를 정부와 한나라당의 이름으로 빼곡히 공표해 주는 친절을 베풀어 왔다.

하지만 이런 이명박 대통령의 '공정 사회'는 최악의 거울 효과 메시지였음을 이 글을 읽는 독자들은 금방 눈치 챘을 것이다. 대기업 오너들은 냉소적으로 '너나 잘하세요'를 외쳤다. '이명박 정부는 낙제는 면한 정부' 정도로 조롱에 가까운 면박도 주었다. 이명박 대통령은 졸지에 '출신 성분이 안 좋은 위장 좌파'로 전락해 버렸다. 아니 몰락했다고 해야 옳다. 어떤 일이 벌어졌는지 궁금하면 그때 그 무렵 조·중·동 신문을 살펴보면 누구나 알 수 있다.

그렇다고 이명박 대통령이 반공정 사회의 피해자들로부터 열광적인 지지를 받았다는 징후는 별로 없어 보인다. 집토끼 산토끼 모두 잃어버린 이명박 대통령은, 그때부터 박근혜에게 발목이 잡히고, 급기야 전당대회를 통해 친이계가 몰락하는 참담한 결과를 맛봐야 했다. 버거킹은 광고 대행사가 해약되고, 경영진이 쫓겨나는 재난으로 끝났지만, 이명박 정권은 그 끝이 보이지 않을 정도다. 거울 효과의 최대 피해자 이명박 정권의 공정 사회 캠페인은 그렇게 실패한 메시지 전략의 교과서로 오래오래 남을 것 같다.

마이너스 캠페인

네거티브 캠페인은 보통 '흑색선전'이라고 불린다. 정정당당하지 못한 암수와 같은 싸움이다. 거짓말과 모략으로 상대방을 궁지에 몰아넣는 비열한 수법이다. 보통은 선거 며칠 전 전단지를 뿌리거나 당원들을 통해 의도된 거짓 정보를 퍼뜨리는 방식이 사용된다. 면책특권이 있는 국회에서의 발언을 이용하는 것도 즐겨 애용되는 방법인 듯싶다.

하지만 원래 네거티브 캠페인의 본래 의미는 '상대방 후보가 당선되어서는 안 되는 이유'를 유권자들에게 알리는 캠페인을 지칭했다. 사전적 의미도 상대방의 비리나 단점을 폭로해 상대 후보가 지지를 받지 못하도록 하는 선거운동을 의미한다.

하지만 사전적 의미가 어떠하든 네거티브 캠페인은 '흑색선전'과 혼용되는 경우가 많으므로, 여기서는 네거티브 대신 마이너스 캠페인이라는 말을 사용하는 게 좋겠다. 상대방 후보가 지지를 받지 못하도록 지지를 빼는 캠페인이라는 의미에서다.

선거 시장은 생각보다 정보를 획득하기 위해 치러야 할 비용이 매우 비싼 시장이다. 정보가 귀하다는 뜻이 아니라, '기회비용'이 비싸다는 의미다. 경제학이 말하는 기회비용 측면에서 선거 정보를 얻기 위해 놓쳐야 하는 다른 기회가 꽤 아까울 정도라는 뜻이다. 그만큼 선거 정보는 시간도 품도 많이 들어야 제대로 얻을 수 있다. 정치·경제·국방·교육·외교·통일·복지·노인·세금·환경·의료·주택·종교에 관한 후보들의 정책 꾸러미를 제대로 살펴봐야 비로소 어떤 후보가 좋은지 알 수 있다. 그것도 온갖 전문용어가 판을 치고 전문가들도 어느 일방의 손을 들어 주지 않는다.

이명박 대통령의 대운하 건설과 4대강 사업에 대해서 믿을 만한 정보가 있다고 자신 있게 주장할 유권자는 흔치 않을 것이다. 그것을 제대로 알려면 꽤 비싼 '기회비용'을 지불해야 한다. 몇 달 동안 놀러 갈 엄두도 낼 수 없다. 일하는 시간도 쪼개어 공부해야 한다. 좋아하는 영화도 못 보고, 애인과의 데이트도 포기해야 한다. 어마어마한 기회비용이 지불되는 것이다.

그래서 유권자들은 대부분 커뮤니케이션보다는 메시지를 선호하는 경향이 있고, 그것도 싱글몰트 메시지여야 그나마 귀를 기울이는 게으른 소비자이다.

이럴 때 후보들에 대한 마이너스 캠페인은 선거 정치에서 생각보다 훨씬 중요한 순기능을 담당하게 된다. 얼마간은 폭로전이라는 불쾌한 이미지가 있겠지만, 그건 그것대로 선거 정치를 위해 필요한 노력의 일환이라고 해야 옳다. 상대방 후보가 돼서는 안 되는 이유를 알리는 캠페인은 선거 시장의 보이지 않는 손의 작동을 위해서도 중요한 절차적 민주주의의 과정이라고 봐야 하기 때문이다.

레녹스 도자기가 영국산 제품이 아니라는 정보는 폭로전일 수는 있어도 흑색선전은 결코 아니다. 기왕이면 로열 다울턴이라는, 내가 파는 상품은 진짜 영국산 제품이면 금상첨화겠지만, 꼭 그런 재포지셔닝 전략의 거울 효과를 누리지 않더라도 마이너스 캠페인은 중요하기도 하고 효과적이기도 하다.

또 다른 도전자 전략

마이너스 캠페인은 특히 리더를 상대하는 도전자의 전략으로는 꼭 챙기고 넘어가야 할 전략이다. 소비자들과 유권자들은 리더의 정체가 밝혀지는 데 카타르시스를 느낀다. 리더는 더 엄격히 평가되어야 한다는 도덕률도 한몫할 것이다. 새우깡에서 이물질이 나오면 감자깡 때보다 소비자는 훨씬 예민하다. 이회창 후보 아들의 병역 문제는 모든 포지티브 캠페인을 능가할 파괴력을 갖는다. 리더가 강하면 강할수록, 마이너스 캠페인은 더 유용하고 더 효과적인 이유다.

미러오퍼짓 메시지 전략도 따지고 보면 마이너스 캠페인의 한 부분이라 할 수 있다. 잘 다듬어진 거울 효과 메시지는 선거 전쟁 그 자체를 규정하는 시대의 아이콘으로 남을 수도 있다는 것을 명심해야 한다.

오로지 플러스 효과만 있는 선거 구호는 유권자들의 뇌리에 남아 있지 않을 것이다. "선진 조국"이라는 캠페인 구호가 있었다. 그래서 어쩌란 말인가. "사랑해요, LG"보다는 "삼성이 만들면 다릅니다"가 더 좋지 않은가 말이다. LG를 사랑한다고 삼성을 미워할 이유는 없다. 하지만 삼성이 아닌 다른 회사가 만들면 어딘지 2퍼센트 부족할 것 같은 기분이 들지 않는가.

최소 승리 연합

최소 승리 연합은 선거 정치의 시장적 속성을 잘 끄집어내는 이론과 가설로 이루어져 있다. 선거 정치는 제로섬 게임의 속성을 갖는다고 가정하는 선거 정치 모델이다.

미국이나 서유럽 국가들의 정당들은 모두 연합정당의 풍부한 사례를 제공해 준다. 승리를 위해서 연합하는 행태는 선거 정치에서는 흔한 일이다. 승리를 위해 대연합을 구성할 수는 있어도, 그런 대연합은 곧 붕괴해 버리고 만다. 승리를 통해 얻는 이익이 패자의 주머니에서 나와야 한다면, 대연합보다는 이익을 극대화할 수 있는 최소 승리 연합을 구성하는 편이 유리하기 때문이다. 우리나라와 같이 다수결 원칙을 채택하거나 단순 과반수 제도를 채택하고 있는 선거 정치 체제에서는 이 같은 최소 승리 연합이 더욱 강화되는 경향이 있다.

후보자들은 유권자들의 선호가 분포되는 중간 지점으로 몰려들고, 후보들의 정치적 공약은 애매모호하기 쉽다. 이때 특정한 계급이나, 직업 혹은 지역의 이익은 유권자들이 손쉽게 구별할 수 있는 사적 재화의 성격을 갖고 후보들의 공약에 끼워 넣어진다. 연합의 형태가 최소 승리 연합을 이루고, 분배의 게임이 제로섬을 이룬다고 가정하면 이런 사적 재화 끼워 넣기는 특정 직업이나 특정 지역의 특별한 이해관계를 만들어 낼 수 있다.

후보의 공약은 자기 직업이나 지역에 직접적인 이익을 가져다주는 반면, 비용의 분담은 전체로 흩어져 선명하게 나타나지 않도록 설계될 수 있다. 이런 수법은 후보와 유권자들이 공약(공공재)을 통해 사적 재화를 주고받는 선거 시장의 거래라고 볼 수도 있다. 물론 바람직한 일은 아니다. 그렇지만 현실은 현실이고, 특별히 정치 선진국이라고 해서 다를 것도 없다.

공공 선택 이론의 대가들인 올슨(Mancur Olson)이나 다운스(Anthony Downs) 같은 이들도 이런 최소 승리 연합에 대해 많은 논증과 실증적 연구를 보여 줄 만큼 정치 선진국에도 이런 식의 사적 재화 끼워 넣기는 흔한 일이다.

지역감정이라는 감성적인 이슈도 사실 속내를 뒤집어 보면 이런 사적 재화 끼워 넣기를 통한 최소 승리 연합에 다름 아니다. 유권자는 언제나 옳다는 민주론적 규범론은 이런 선거 정치의 거래에 대해 침묵할 수밖에 없다. 왜냐하면 캠페인 전쟁도 다른 모든 전쟁들과 마찬가지로 '승리'라는 전략적 목표를 갖고 있기 때문이다. 승리할 수 없으면 정의로울 수도 없다는 전쟁터의 논리는 때때로 혹은 생각보다 자주 민주론적 규범론에 우선하기도 한다.

우리나라의 선거 정치도 이런 최소 승리 연합에 오랫동안 익숙해져 왔던 게 사실이다. 경상도와 전라도는 대연합보다는 최소 승리 연합을 통해 재분배의 이익을 최대화해 온 유권자 집단이다. 극단적으로 표현하면, 선거 정치를 통해 지역을 이익 집단화하는 담합행위에 동참하는 것이다.

DJP연합도 이런 최소 승리 연합이고, 넓게 보면 진보 야권이 되풀이 하는 선거용 후보 단일화도 최소 승리 연합이라 할 수 있다(후보 단일화는 늘 지역구에 대한 지분을 흥정하곤 한다).

캠페인 전쟁에서 이기고자 한다면 현실에 토대를 두어야 한다. 그리고 그 현실은 언제나 유권자들의 인식에서 출발해야 한다. 진짜 현실은 유권자들이 모여 이야기하는 뒷마당에도 존재한다. 우리나라만의 일도 아니고, 어느 누구라도 그렇다.

정치 지형의 동서남북

뉴스(News)라는 말은 동(East), 서(West), 남(South), 북(North)이라는 말에서 첫 글자를 떼어 만든 말이다. 우리는 동서남북이라고 읽고, 동서를 수평축으로 남북을 수직축으로 이미지를 만든다. 일단의 공공 선택 이론 학자들은 정치적 지형과 관련해 동서 수평축을 '지역 정치'의 축으로, 남북 수직축을 '이념 내지 계급 정치'의 축으로 구분해 실증적 연구를 지속해 왔다.

왜 하필 그들은 동서 수평축을 이념 축이 아닌 지역 축으로 나눈 것일까. 그 이유는 바로 민주주의가 발전해 온 역사적 사실과 매우 밀접한 관련이 있다. 옛날로 돌아가 보자. 비행기도 없던 시절, 인터넷도 없던 시절. 생산은 토지를 중심으로, 정치권력은 지역을 중심으로 움직이던 시절. '희소가치의 권위적 배분'이라는 정치적 속성은 지역 맹주를 중심으로 움직여 왔지 않았겠는가. 유럽의 정치가 그랬고, 미국의 정치가 그랬고, 한국의 정치도 그랬다.

미국의 민주당은 원래 남부 연합을 중심으로 토지와 노예제도를 지켜 내기 위한 정치적 결사에서 출발한 지독히 보수적인 출신 성분을 갖고 있다. 한국의 민주당도 호남 지주들의 땅을 지켜 내기 위한 보수적 목적을 갖고 태어난 정당에 그 기원을 두고 있다. 토지개혁이라는, 그 시대 가장 진보적인 정치 경쟁자에 대항하기 위한 그들만의 당이었던 것이다. 정당은 이렇게 지역을 중심으로 자신들의 이익을 지켜 내기 위한 정치적 결사체로 만들어지고 발전해 오기 마련이다.

그러나 이런 수평적 지역 정치 축은 예외 없이 계급 정치 축인 수직 축으로 무게 중심이 옮겨 간다. 왜냐하면 정치는 어떤 식으로든 재분배 게임이며 제로섬 게임의 성격을 담고 있기 때문이다. 즉, '사적 재화 끼워 넣기'를 통해 지역민이 승리의 전리품을 챙기는 시대에서 소득 분포의 하위 부분을 형성하고 있는 수직축의 빈자 그룹이 전리품을 차지하는 시대로 발전해 가기 때문이다.

이런 변화는 어쩌면 당연한 결과이다. 산업화가 가속되고, 생산의 주된 수단이 토지에서 자본재로 옮겨 갈수록 수직축인 '계급 정치 축'이 점점 더 중요한 유권자의 선택 차원이 될 것이 자명하기 때문이다.

좋은 뉴스 아니면 나쁜 뉴스

이젠 이런 뉴스를 전할 때가 왔다. 우리나라 정치 지형도 수평축에서 수직축으로 무게 중심이 옮겨 가고 있다는 뉴스다. 서울시 무상 급식으로 촉발된 모멘텀이 수평축을 수직축으로 회전시키는 거대한 에너지로 작용했다는 것이 내 생각이다.

강남·서초·송파구는 지난 서울시장 선거에서 오세훈 시장에게 몰표를 던진 전력이 있다. 그때는 그냥 보수적인 사람들의 한나라당 지지 혹은 민주당을 싫어하는 보수파들의 결집으로 이해할 수 있는 측면이 있었을 것이다. 하지만 오세훈 시장이 무상 급식 문제를 수면 위에 올렸을 때, 복지 정책의 문제는 더 이상 수평축의 문제가 아니다. 그것은 재분배의 문제이고, 소득을 기반으로 한 수직축의 문제로 변질된다.

결과는 놀라웠다. 내가 놀란 것은 주민 투표가 부결됐다는 사실이 아니다. 수직축 이슈에 강남 부자들이 결집된 모습이 놀라웠고, 허겁지겁 투표장으로 몰려든 부자들의 행태가 놀라웠다. 여기서 주목할 것은 그런 부자들의 모습을 나처럼 깜짝 놀란 채 지켜보았을 다른 구의 유권자들이 있었다는 바로 그 사실이다.

지진은 지각 판의 이동으로, 응축된 에너지가 어느 순간 스트레스를 풀면서 일어난다고 한다. 지진을 예측하는 일은 아직도 불가능한 영역에 속하는 일이다. 지각 판의 이동도 평상시의 우리는 알아채기 힘들다. 하지만 어느 날 지진이라는 형태로 응축된 에너지가 표출되면 그제

서야 우리는 거대한 에너지의 존재를 깨닫곤 할 뿐이다.

어쨌든 이제 한국 정치 지형의 판이 변하고 있다는 것이 분명해졌다. '축이 회전하고 있다'는 뉴스가 좋은 소식(good news)일지 나쁜 소식(bad news)일지 우리는 아직 모른다. 민주당을 포함한 야권 전체가 무상 급식 주민 투표에서 승리 아닌 승리를 거뒀다고 해서, 이 소식이 무조건 좋은 소식일 거라는 근거는 없다.

다만, 수평축에서 수직축으로 선거 정치의 지형이 바뀌는 그 무렵에 유럽의 좌파도, 미국의 민주당도 집권에 성공하고 우리가 믿는 분배의 정의를 실천할 수 있었다는 역사적 사실에 고무될 뿐이다.

제5장

성공하는 캠페인

나폴레옹이나 오다 노부나가나, 맥아더 장군에게조차도 최고의 전략은 최상의 전술에서 만들어진 결과였다. '전략은 전술을 따른다.' 이것이 모든 위대한 전략가들이 따르는 전쟁의 원칙이었다.

캠페인 전쟁은 매우 지적인 싸움이다. 그러나 결코 우아하지 않다. '국민의 목소리'를 앞세우지만 그건 승리 연합과 거래하는 후보의 명분에 지나지 않는다. 선거 캠페인을 전쟁에 비유하기는 하지만 실제 전투가 벌어지는 곳은 황산벌이나 낙동강 같은 물리적 공간이 아니다. 누군가 '천하고 추악한 장소'라 불렀던 인간의 머릿속에서 벌어지는 전투가 선거 캠페인이다. 이런 얘기를 들은 적이 있다.

카이사르는 뛰어난 군인이다. 그는 많은 전쟁을 치렀으면서도 손자나 클라우제비츠처럼 자신의 병법서가 없다. 그래서 누가 물었다. 당신의 전략·전술은 무엇이냐고. 그랬더니 카이사르 왈, "당신이 싸울 전장의 지도를 보여 달라. 그러면 말해 주겠다."

전쟁의 승패는 전장의 위치나 지형에 달려 있다는 말일 것이다.

하지만 선거 캠페인에 대해서만 말하면, 우리는 모두 유권자의 '인식'이라는 블랙박스 속에서 전쟁을 치르게 된다. 물리적인 전장은 존재하지 않고, 내가 원하는 지형을 찾아 옮겨 갈 수도 없다.

그렇다고 유권자들이 언제나 합리적이고 공평하기만 한 것도 아니다. 그들도 이기적이고, 이해관계에 민감하다. 시장의 실패만큼 정부의 실패도 우리 모두를 우울하게 한다. 유권자의 '인식'이라는 블랙박스 속에서, 은밀한 선거 담합이 이루어지고, 정의가 강물처럼 흐르는 민주주의는 언제든 '승리하기 때문에 정의롭다'는 독선으로 바뀔 수 있다.

선거 캠페인이 비록 지적인 싸움이기는 하지만 전쟁의 참혹한 본질은 변하지 않는다. 성공하는 캠페인을 하고 싶다면, 얼마간은 이런 전쟁의 추악한 면을 받아들일 각오가 있어야 한다.

아무도 가르쳐 주지 않는 캠페인

사람들은 정치공학(political engineering)이라는 말을 쉽게 사용한다. 경제학과 경영학이 존재하듯이 정치학에도 선거 정치를 다루는 정치공학 정도는 있어도 좋을 듯싶다는 의미일 것이다(약간의 비아냥거림이 섞인 표현인 것도 사실이다).

하지만 안타깝게도 정치공학은 세상 어디에도 존재하지 않는다. 민주주의를 하는 나라는 셀 수 없이 많고, 선거는 밥 먹듯 일상적인데도 선거 캠페인을 다루는 학문이 따로 존재하지 않는다는 것이 좀 의외이기는 하다.

그래서 선거 캠페인은 아무도 가르쳐 주지 않는 캠페인이다. 그리고 아무도 가르쳐 주지 않는 선거 캠페인의 최대 문제는 '전술'에 있다. 사람들은 흔히 뛰어난 전략은 비범한 전술을 전제로 하지 않는다고 말한다. 맞는 말이다. 맥아더 장군이 일단 인천 상륙작전에 성공하고 나면, 어떤 평범한 지휘관이라도 낙동강 전투에서 이길 수 있다.

하지만 이런 생각은 하나만 알고 둘은 모르는 소리다. 나폴레옹이 뛰어난 전략가일 수 있었던 것은 그가 포병이라는 전술적 무기를 누구보다 잘 알고 있었기 때문이다. 오다 노부나가는 총포대의 전술적 운용에 관한 한 달인의 경지에 이른 무장이었다.

다케다 가문이 자랑하던 무적의 붉은 기마대도 전술적 실패 앞에서는 속수무책이었다. 총포가 보급된 대규모 지상전에서 기마대의 전술적 역할은 거의 사라져 가고 있는 게 뻔해 보이는데도, 붉은 기마대의 실력을 과신한 지휘관은 하급 무사들로 이루어진 오다 노부나가의 총포대를 향해 거의 자살 돌격을 감행하라는 명령을 내린다. 단 하루 만에 1만 명의 기마대를 잃고 나서야 다케다 가문의 지휘관들은 오다 노부나가의 총포대가 전쟁의 성격을 바꿔 왔음을 깨닫게 되었다. 결과는 물론 참혹했다. 무적을 자랑하던 풍림화산 군대는 괴멸하고 가문은 멸

문당했다.

24살에 장군이 되고 34살에 황제에 올랐던 당대의 최고 전략가 나폴레옹도 전장의 전술적 차원이 포병대의 대량 살상 무기로 변해 가고 있음을 누구보다 잘 알고 있던 포병 장교였다.

맥아더 장군의 인천 상륙작전도 그가 제2차 세계대전 당시 연합군 태평양군 총사령관으로 해군과 해병대를 지휘하며 일본군과의 도서지역 전투 경험이 있었기에 수립할 수 있었던 전략이었을 것이다.

나폴레옹이나 오다 노부나가나, 맥아더 장군에게조차도 최고의 전략은 최상의 전술에서 만들어진 결과였다. '전략은 전술을 따른다.' 이것이 모든 위대한 전략가들이 따르는 전쟁의 원칙이었다.

그럼에도 불구하고, 선거를 준비하는 캠페인 전략가들은 전술적 측면에 약한 면모를 보이곤 한다. 거울 효과 메시지를 다루는 방법도 서투르고, 싱글몰트 메시지를 만들 때도 집요함이 없다. 심지어 포지셔닝 전략을 위한 유권자 분포 판을 만드는 조사 방법에서도 어이없을 정도로 엉성하다.

전술적 차원에서 효과가 가장 뛰어 난 캠페인 방법을 능숙하게 활용할 수 있어야 전술을 담는 전략이 나오고, 역설적으로 그런 견실한 전략 아래에서는 뛰어난 전술 없이도 승리할 수 있다. 그렇게 하지 않고서는 성공하는 캠페인을 만들 수가 없다. 무엇이 성공하는 캠페인인지 묻기 전에, 전술을 능숙하게 다룰 수 있는 준비가 먼저인 것은 아닐까.

캠페인의 포병대 : 싱글몰트 메시지

전국 단위의 총선과 대선을 기획하는 전략가들이 가장 먼저 마주치는 문제는 전술적으로 뒷받침하기에는 그들이 다뤄야 하는 전투가 너무 길고 많다는 것이다. 따라서 포지서닝 전략이 마케팅에서는 뛰어날지 몰라도 선거 캠페인에서는 전술적으로 문제가 있을 수 있다.

상품을 파는 마케터들이라면 이런 문제를 피해 갈 수 있을 것이다. 한 번에 하나씩, 한 영역에 한 상품을 가지고 싸우면 그만이다. 뛰어난 상품 마케터들은 기다리는 것도 캠페인이라는 것을 잘 알고 있다.

하지만 종합 선물 상자를 팔아야 하는 캠페인 전략가들은 그럴 수 있는 처지가 아니다. 비록 캠페인 전쟁이 몇 개의 마지막 좁은 전투에서 막을 내린다고 해도, 총선이나 대선 같은 캠페인 전쟁은 수많은 영역에서 벌어지는 치열한 전투를 피해 갈 수 없다. 더구나 기다릴 수 있는 전쟁은 더욱더 아니다.

지역 연합 또한 피할 수 있는 전쟁터가 아니다. 의료보험과 직장인들과 조세는 늘 뜨거운 감자가 된다. 충청도 유권자들에게 수도 이전과 관련된 모든 이슈는 결코 질 수 없는 싸움터일 것이다. 노동조합으로서는 야권 연대가 어찌되든 상관없이 그들이 지키고 이겨야 할 진보의 가치가 있다. 해병 전우회는 안보가 신념이고, 경상도 유권자들과 전라도 유권자들에게는 떨어져야 할 후보가 떨어지는 게 우선일 수도 있다. 의사와 약사도 싸운다. 빵도 문제지만 정의도 문제다. 싸워야 할 전쟁터는 넘쳐 나고 선거일은 멈추지 않고 다가온다.

그래도 전술이 뒷받침될 수 있다면, 가능한 한 싸워야 할 영역을 나누고, 그곳에서 오리가 사랑에 빠지는 첫 번째 사람이 될 수 있으면 더 바랄 것이 없을 것이다.

실제로 딕 모리스는 그렇게 했다. '가치 어젠다'라는 이름 아래 수많은 영역을 집요하리만치 쪼개고 또 쪼갰다. 10대 야간 통행금지, 10대 임신 방지, 가정 폭력 예방, 텔레비전 상의 폭력 근절, 불법 이민자 추방, 양자 입양 시 세금 공제, 산후 24시간 이상 병원 체류 허용, 낙태, 노숙자, 환경, 지역 활성화, 지구온난화, 거리 청소. 수도 없이 많은 영역이 분할되고, 클린턴의 이름으로 새로운 가치 어젠다가 생겨났다.

이것이 바로 '싱글몰트 메시지' 전술이다. 커뮤니케이션하지 말고 포지셔닝하고, 한 곳에 한 개씩 메시지를 심는다. 그래서 싱글몰트 메시지다. 이것이 전술적으로 유권자의 마인드에 진입하는 가장 효과적인 방법이다.

전술적으로 운용 가능한 범위 안에서, 누군가는 이런 작은 전투를 수행해야 하는 것도 캠페인 전략의 하나이다. 어떤 전쟁도 이런 노력 없이 승리할 수는 없다. 뛰어난 전략이 있다면 전술은 평범해도 좋을 것이다. 하지만 그렇다고 해서 아무것도 하지 않아도 이길 수 있다는 의미는 절대 아니다.

성공하는 캠페인을 위해서는 이런 작은 전투에도 전략과 전술이 수립되고 운용되어야 하는 것을 잊어서는 안 될 것이다.

기왕이면 미러오퍼짓

그리고 기왕이면 그런 싱글몰트 메시지가 거울 효과를 갖고 있으면 금상첨화일 것이다. 유권자의 마인드에 한 개의 단어를 심으면서 거울 효과까지 노리는 메시지를 만드는 건 결코 쉬운 일이 아닐 것이다. 그래도 원칙은 그래야 한다.

볼보는 '안정성'을, BMW는 '주행 기계'를, 박카스는 '피로 회복'을, 우루사는 '간'을, 파리는 '에펠탑'을 사람들 머릿속에 심었다. 혼다는 오토바이를 만드는 일본 업계 3위의 자동차 회사였지만, 미국 소비자들의 머릿속에는 '고장 없는 자동차'라는 1등 브랜드이다.

캠페인 전략가라면 여기에서 한걸음 더 나가야 한다. 캠페인 전쟁에서 더욱 중요한 것은 경쟁자를 고려하는 일이다. 캠페인이 선전이나 홍보처럼 단순히 유권자와 커뮤니케이션하는 문제가 아니라, 다른 경쟁자들, 즉 나를 잘 아는 '누군가'와 사람들의 머릿속에서 싸우는 일이기 때문이다.

그러니 기왕이면 유권자들의 마인드에 심어질 단 하나의 단어가 거울 효과를 갖고 있어야 그 위력도 몇 배의 효과를 갖게 된다. 누누이 강조하지만, 오바마 후보가 '변화'라는 단어를 유권자들의 마인드에 심으면 존 매케인 후보는 '수구'라는 거울 효과에 시달릴 것이다.

이런 싱글몰트 메시지는 거꾸로 접근하는 것도 효과적인 방법일 수 있다. 나경원 후보에게 '특권층'이라는 단어를 심으면 박원순 후보는 '시민층'이라는 거울 효과가 생길 수도 있을 것이다. 공화당을 40년 만에 승리로 이끌었던 깅그리치도 '부자를 지키는 탱크'라는 싱글몰트 메시지에 발목이 잡혔었다. 물론 그 반대의 거울 효과인 '약자를 지키는 클린턴'은 클린턴이 덤으로 얻은 전리품이었음은 말할 것도 없다.

모든 영역에는 중위수가 있다

캠페인을 다루는 교범이 있다면 분명 이런 순서로 만들어져 있을 것이다.

- 전투가 벌어질 선거 시장의 영역을 가능한 한 세밀히 분할하라.
- 분할된 영역에서 오리가 사랑에 빠지는 첫 번째 사람이 되어라.
- 오리의 사랑을 얻으려면 싱글몰트 메시지를 마인드에 심어라.
- 거울 효과 메시지를 심으면 오리의 사랑을 얻을 뿐만 아니라 지킬 수도 있다.
- 하지만 조심하라! 영역이 분할되면 그곳에도 중위수는 존재한다.
- 중위수를 놓치면 새로운 영역에는 새로운 강자가 군림하게 될 것이다.

그렇다. 새로운 영역을 분할한다는 말은 유권자 입장에서는 새로운 선택의 차원이 생긴다는 의미가 된다. 전에는 고민하지 않아도 될 새로운 줄자가 생기는 것이다. 무상 급식이라는 영역이 분할되기 전까지 유권자들은 선택을 고민할 필요가 없었다. 좀 더 정확하게 말하면 인식조차 없었다고 해야 옳다.

내가 그의 이름을 불러 주기 전에는
그는 다만
하나의 몸짓에 지나지 않았다.

내가 그의 이름을 불러 주었을 때
그는 나에게로 와서
꽃이 되었다.

내가 그의 이름을 불러 준 것처럼
나의 이 빛깔과 향기에 알맞은
누가 나의 이름을 불러 다오.
그에게로 가서 나도 그의 꽃이 되고 싶다.

우리들은 모두
무엇이 되고 싶다.
나는 너에게 너는 나에게
잊혀지지 않는 하나의 눈짓이 되고 싶다.

김춘수의 시 "꽃"처럼, 포지서닝은 우리에게 새로운 의미와 선택의 줄자를 남겨 준다. 그리고 그 순간 유권자들은 이리저리 줄자의 눈금

위로 움직인다. 이윽고 유권자 판이 만들어지고, 그 모습은 우리가 익히 알고 있는 종 모양의 포물선을 그리고 있을 것이다.

전략가들은 이때부터 '가운데로 달려가라'는 캠페인 불변의 법칙에 충실하게 된다. 하지만 어떻게 중위수를 알아낼 것인가. 중위수 전략은 전술적 운용의 뒷받침 없이 누구나 쉽게 수립할 수 있는 전략이 아니다. 중위수 유권자들의 생각만 알 수 있다면, 누구나 캠페인 전술이 어때야 하는지 알 수 있다. 광고의 문안을 다듬고, 싱글몰트 메시지에 거울 효과를 심고, 유튜브든 페이스북이든 블로그와 뉴스 릴리즈를 통해 전술을 운용할 수 있다.

하지만 많은 캠페인 전략가들이 이런 방법론에 취약하다. 예산이 부족하거나 경험이 부족한 것도 문제일 것이다. '감'의 정치에 익숙한 정치권의 풍토도 전략가들에게는 늘 벽처럼 느껴질 것이다. 천문학적인 선거 비용을 지출하는 미국의 캠페인과는 비교할 수 없는 환경이 전략가들에게는 아쉬울 뿐이다.

하지만 이런 비용과 조사 방법의 문제는 상당 부분 효과적으로 대처할 수 있다. 표적 집단을 구성하고, 비록 그런 집단이 얼마간의 편향성을 갖고 있는 급조된 저비용의 집단이라고 해도 얼마든지 유의미한 설계를 할 수 있을 것이다. 단발성이 아닌 추적 조사는 이런 편향성의 문제를 해결할 많은 방법을 제공해 줄 것이다. 광범위한 여론조사를 할 형편이 못된다면, 과거의 선거 데이터를 분석해 리트머스시험지 같은

‘시험 집단’을 발굴해 내는 것도 좋은 방법이다.

조사 방법은 학계의 권위 있는 교수들에게 도움을 청하면 많은 부분 현실과 타협할 수 있는 대안을 제공 받을 수 있다. 하지만 명심할 것은 무엇보다 단발성 조사가 아닌 정기적이고 지속적인 추적 조사를 설계하는 것만이 편향의 문제와 정밀성의 문제를 해결해 준다는 점이다. 특히 각각의 분할된 영역을 조사할 ‘자신만의 줄자’는 변함없이 유지하는 것이 중요하다. 일관성 없는 조사는 조악한 저비용의 문제점들을 보정할 기회조차 빼앗아 가버리기 때문이다.

현장을 잘 아는 전략가들이라면 어떤 척도가 각각의 영역에서 유권자들의 분포 판을 효과적으로 읽을 수 있는지 알고 있을 것이다. 온도계를 응용하든 ‘수우미양가’를 이용하든, 척도의 문제는 상상력의 문제일수 있다. 학계의 전문가들에게 자문을 구하고 자신만의 줄자를 갖추는 것이 유권자 판을 읽고 이해하는 첫걸음이 될 것이다.

방법이야 무엇이든, 중요한 것은 중위수 유권자들의 생각을 읽는 것이다. 중위수를 놓쳐서는 영역을 나누는 의미도, 싱글몰트 메시지도 소용이 없다. 자칫 잘못하면 피해야 할 전쟁터에 스스로 발을 담그는 패착을 범할 수 있다는 것, 다케다 가문의 붉은 기마대 신세가 될 수도 있음을 명심하자.

전쟁터에서는 가장 좋은 때가 가장 나쁜 순간이기 쉽다. 가장 확실해 보일 때가 가장 불안한 때임을 잊어서는 안 된다. 이명박 대통령의 참모들이 우수하지 않아서 캠페인에 실패했던 것이 아니다. '공정 사회'라는 단어는 너무나 멋진 슬로건이 아닌가 말이다. '신속'이라는 단어에 열광하는 소비자가 있는데, '빠른 시대에 최고의 음식'이라는 버거킹의 슬로건은 아름답기까지 했을 것이다.

"가운데로 달려가라."는 캠페인 불변의 법칙이 명쾌하면 할수록, 전략가들은 전술적 운용에 세밀해야 한다. 단순하고 명쾌한 만큼 그 파괴력 또한 크고 직접적인 것이 캠페인 불변의 법칙인 것이다. 전략가라면 1만 명의 붉은 기마대가 3천 명의 총포대를 눈앞에 두고 있는 장면을 늘 머리에 떠올려야 한다. 성공하는 캠페인은 그만큼 어렵다.

마이너스 캠페인도 전략이다

모든 성공한 캠페인은 마이너스 캠페인 전략을 담고 있다. 어느 전쟁터에나 리더는 존재하고, 도전자의 전략은 재포지셔닝이 최우선이다. 리더를 재포지셔닝하는 일은 얼마간 폭로전의 성격을 갖기 마련인데, 유권자들은 그런 마이너스 캠페인에 열광하는 경향이 있다. 리더가 강하면 강할수록 그런 경향은 더욱 거세고 커지기 마련이다.

전략가들에게 마이너스 캠페인은 또 다른 강점이 있는 전략이다. 영역을 나누고 중위수를 찾고, 싱글몰트 메시지로 포지셔닝 단어를 심는 모든 수고를 덜 수 있다는 편리함이 그것이다. 그래서 전략에 실패한 후보는 마이너스 캠페인에 매달리는 경향이 있다. 상황이 절망적일수록, 흑색선전도 불사하는 필살의 일격에 모든 것을 걸게 된다.

하지만 뛰어난 전략가에게는 마이너스 캠페인도 철저히 전술적 관점에서 세워진 전략에 따라 수행되는 캠페인일 뿐이다. 상대방이 당선되어서는 안 되는 이유를 유권자들에게 알리고, 기왕이면 그 거울 효과가 자신의 후보에게 쏠리도록 전략을 수립할 것이다(하지만 꼭 거울 효과를 염두에 둘 필요는 없다).

마이너스 캠페인의 전술적 측면은 이렇다. 우선 선거 캠페인 전쟁의 리더가 드러난다. 리더가 없는 캠페인 전쟁터는 거의 없다. 리더는 자신의 우세를 지키기 위해 참호 속에 웅크리기 마련이다. 무엇보다 리더는 포지셔닝 전략에 소극적이다. 자신은 이미 캠페인 전쟁이 벌어지고 있는 영역에서 리더의 포지션을 차지하고 있지 않은가 말이다.

이에 반해 도전자는 리더를 재포지셔닝하는 것에서 캠페인을 출발하게 된다. 이런 재포지셔닝 전략 대신 자신만의 영역을 분할하고 새로운 영역의 리더가 될 수 있는 포지셔닝 전략이 있다고 해도, 유권자들을 새로운 싸움터로 움직이게 할 기회란 그리 쉽게 찾아오는 것이 아니다. 오랜 시간 준비된 선거가 아니라면 더욱더 그럴 것이다.

서울시장 선거를 예로 들어 보자. 캠페인 전쟁터의 리더는 박원순 야권 단일 후보다. 한나라당의 나경원 후보는 도전자로 캠페인 전쟁에 뛰어들게 된다. 나경원 후보는 박원순 후보를 재포지셔닝하고 싶었을 것이다. 하지만 나경원 후보는 전략적이지 못했다. 전술적으로 우수할지는 몰라도 전략적으로는 모자란 감이 있다.

박원순 후보가 갖는 포지셔닝과 달리 박 후보도 특권과 반칙에 무관하지 않은 후보임을 알리고 싶었을 테지만, 특권과 반칙은 나경원 후보 자신도 재포지셔닝하는 전술적 결함을 갖고 있다.

김대중 후보가 이회창 후보를 병역 비리 문제로 재포지셔닝했던 전략과 비교해 보면 나경원 후보의 전략적 결함이 더욱 두드러져 보인다.

김대중 후보는 이회창 후보의 '대쪽' 이미지를 재포지셔닝하기 위해 이회창 후보의 아들 병역 비리를 폭로했다. 원칙과 소신이라는 단어는 이회창 후보가 갖고 있는 싱글몰트 메시지였고, '대쪽'이라는 말은 김영삼 대통령과 김현철 씨의 무능과 비리에 염증을 느꼈던 유권자들 마인드에 심어진 단어였다. 이런 강력한 리더의 포지션은 여간해서는 깨뜨리기 쉽지 않다.

이럴 때 도전자의 강력한 무기는 리더를 재포지셔닝하는 것이다. 병역 비리를 폭로해 이회창 후보를 재포지셔닝하고, 동시에 김대중 후보는 경제 대통령 이미지라는 영역을 개척하며 '준비된 대통령'이라는 단어를 유권자들의 마인드에 심는 전략적 성공을 거둔다. 전술을 담는 전략이 무엇인지 잘 보여 주는 사례라 하겠다.

그에 반해, 정동영 후보는 마이너스 캠페인에서 실패했다. '경제 대통령'이라는 단어는 이명박 후보가 유권자들의 마인드에 심어 놓은 단어였을 것이다. 따라서 정동영 후보는 이 부분을 공격하는 마이너스 캠페인 전략을 수립했어야 했다. 경제만 살려준다면 특권과 반칙은 눈감아 줄 수 있다는 게 그 당시 유권자들의 생각은 아니었을까? 정동영 후보가 딱히 전술적으로 운용할 공격 무기가 없었다는 건 논외로 하고, 단순히 재산 형성에 관한 비리를 폭로하는 마이너스 캠페인으로는 이명박 후보에 대항하기에 무리였을 것이라는 얘기다.

캠페인은 도전자의 전쟁이다

 박근혜 후보도 캠페인 전쟁에서 리더인 후보다. 민주당의 대선 후보는 아마도 제일 먼저 박근혜 후보를 재포지셔닝하려 할 것이다. 도전자의 전략은 이곳에서 운명적인 갈림길을 맞게 된다. 리더의 운명도 마찬가지다. 민주당의 전략가들은 이 점에 주목해야 한다. 리더로서의 위치가 강한 박근혜 후보는 이곳이 최대의 아킬레스건이 될 것이다. 박근혜의 전략가들이 충분히 영리하다면, 이런 전략에 대비할 수 있는 몇 가지 방법을 준비할 수도 있다.

　무엇보다 타이밍에 주목할 것이다. 마이너스 캠페인은 도전자의 고전적인 전략이고 리더는 타이밍에 늘 소극적이다(리더가 무너지는 첫 번째 실패가 대개는 이곳에서 시작된다). 그렇다고 도전자를 재포지셔닝하는 전술은 위험한 선택일 수 있다. 리더의 위치를 버리고 새로운 전쟁터에 뛰어드는 모험은 리더의 전략이 될 수 없다. 권투 시합에서도 챔피언의 전략은 늘 이런 딜레마에 빠진다. 모험을 할 필요는 없지만, 도전자의 전략은 늘 모험적이다. 이래서 캠페인은 도전자의 전쟁으로 불리게 된다. 리더는 쫓기고 도전자는 공격한다. 캠페인의 시간은 리더의 편이 아니다.

이럴 때 챔피언의 전략은 타이밍을 빼앗는 것이다. 이에 관한 고전적인 방법은 네거티브 캠프를 담당하는 전략가들의 몫이 될 것이므로 이쯤에서 논의를 중단하는 것이 적절할 것 같다.

선거가 결코 우아한 전쟁이 될 수 없다는 것은 우리 모두 잘 아는 일이다. 캠페인이 전쟁이라면 상대 후보는 적이고, 싸워서 이기지 않는 한 나는 패배하게 된다. 복싱을 캠페인과 비교해 보자. 섀도복싱은 누구나 아름답게 싸울 수 있다. 레프트 라이트, 가드를 올리고, 어깨의 힘을 빼고, 허리에 체중을 실어서, 머리를 좌우로 흔들면서 연타. 하지만 링 위에서 60억분의 1의 사나이 '표도르'를 만나 보라. 그 순간 복싱은 절대 아름답지 않다. 캠페인이라고 이런 복싱과 달라야 할 이유는 어디에도 없다.

다시 한 번 말하지만, 캠페인은 전쟁이다. 치밀한 전략과 탁월한 전술 운용 없이는 어느 누구도 캠페인 전쟁에서 승리할 수 없다. 선거 캠페인이 경쟁자 지향적이고, 좁은 전쟁터에서 리더와 도전자가 다투는 싸움으로 집중될수록 더욱더 그렇다.

성공하는 캠페인을 위해서는, 어쩌면 마이너스 캠페인이 무엇보다 제일 먼저 캠페인 교범에 올라와야 할 전략인지도 모르겠다.

"바보야, 경제가 문제야"

클린턴은 "바보야, 문제는 경제야!"라는 슬로건으로 대통령에 당선되었다. "희망을 위해서는 변해야 해!"라는 오바마의 메시지도 천문학적 재정 적자에 휘청거리는 미국 경제에 대한 유권자들의 두려움을 담고 있었다. 이명박 대통령도 "경제를 살릴 수 있는 후보"라는 믿음 덕분에 선거에서 승리할 수 있었다.

하지만 여전히 이명박 대통령은 경제 살리기에 실패한 대통령이다. 노무현 정부는 펀더멘털이 튼튼하다고 우겼지만, 유권자들은 생활 경제가 망가졌다고 심판하며 민주당을 버렸다. 이명박 정부도 환율 정책과 기업 친화 정책을 내세워 특권층 경제만 살려 주고 있다고 비판 받는다. 다시 말해 유권자들은 여전히 "바보야, 문제는 경제야"라고 외치고 있다는 말이다. 그런데도 민주당에는 경제 대통령 후보에 대한 절실함이 없다. 박근혜 후보도 그저 복지 이슈에 매달려 있을 뿐, 경제 대통령 영역에는 발을 들여놓을 생각이 없어 보인다.

한나라당의 지지 기반은 보수 우파 세력이다. 시장이 지속 가능한 성장을 보장하고, 성장 속에서만 재분배도 가능하다고 믿는 유권자들이 지지하는 정당이다. 이런 보수 우파 정치 세력이 경제를 살리지 못하면 누가 경제를 살리라는 거냐고 보수 우파 유권자들은 한나라당을 질책한다. 진보가 경제까지 잘하면, 보수 우파는 존재할 이유가 없다고 자조한다. 사회적 약자의 편에서 경제 정의를 실천하고, 동시에 경제도 발전시키는 진보 정당이 있다면 한나라당은 그날로 문을 닫아걸어야 할 거라고 말한다.

그런 한나라당과 이명박 정부가 경제를 망쳤다. 특권층을 위한 경제는 호황일지 몰라도, 서민 경제와 지방 경제는 부도 직전이라고 아우성이다. 보수 우파의 눈에도 남우세스런 일이 벌어진 것이다. 노무현 정부가 망친 생활 경제를 나라면 살릴 수 있다고 했던 경제 대통령 이명박. 시장이 민주주의를 풍요롭게 만든다는 보수의 가치. 이 둘이 만나서 경제를 망쳤다면, 어쩌란 말인가.

그런데도 민주당 전략가들은 '경제'라는 좁은 전쟁터에 놀랄 만큼 무심하다. 반대로 박근혜 후보는 어이없을 만큼 태연하다. 진보 좌파가 만들어 놓은 '복지'라는 이슈에 함몰될 만큼 경제는 그들 모두에게 관심이 없어 보인다. 한나라당과 박근혜 후보는 특권층 경제가 풍요로운 한 경제는 문제가 없다고 말하고 싶은지도 모르겠다. 복지가 필요하면 얼마간은 여윳돈에서 떼어 줄 수도 있다고 생각할 것이다.

하지만 선거 캠페인은 상대방 지향적이어야 한다고 했지 않은가. 아직도 경제 영역은 용케 남아 있고, 그곳에는 박근혜 후보도 1등 브랜드가 아니다. 그곳의 오리는 아직도 사랑에 빠질 첫 번째 후보를 기다리고 있다. 영리한 전략가라면 이곳을 지나칠 이유가 없을 것이다.

당신이라면 어떤 캠페인 전쟁을 하겠는가.

2부

2012년 캠페인 전쟁

제6장

2012 캠페인의 좁은 전쟁터

"정치가와 군사령관이 첫 번째로 내려야 할 가장 중요한 판단은 그들이 시작하려는 전쟁의 성격을 설정하는 일이다. 전쟁의 성격을 오판해서도 안 되고, 본질을 변경시켜서도 안 된다."

— 앨 리스와 잭 트라우트 『마케팅 전쟁』

총선과 대선이 벌어질 2012년 4월 11일과 12월 19일은 수요일이다. 한 해에 총선과 대선이 한꺼번에, 수요일에 치러진다. '슈퍼 수요일'이라 부를 수 있는 이유다. 여기에 4월 총선은 12월 대선과 떼려야 뗄 수 없는 달과 지구의 관계와 같다. 중력과 인력은 어떤 형태든 두 선거를 놓아 주지 않을 것이다.

유권자들도 이런 인력의 소용돌이 속에서 초연할 수는 없다. 그러기에는 총선과 대선이 한국 사회에 미치는 인력이 너무나 크고 광범위하다.

그럼에도 불구하고, 선거는 좁은 전쟁터에서 마지막 전투를 한다. 슈퍼 수요일이라고 예외는 아니다. 오히려 선거 캠페인 전쟁의 규모가 크면 클수록 캠페인 전쟁은 아주 좁은 전투에서 승부를 결정짓는다. 우리가 흔히 '바람'이라고 부르는 캠페인의 흐름도 따지고 보면 이런 좁은 전쟁의 다른 이름일 뿐이다. 모든 선거가 전략가들의 기획에 따라 바람이 만들어지는 건 아니다. 시대적 상황과 모순이 요원의 불길처럼 캠페인 전쟁터를 휩쓸고 지나가며 판세를 가르는 경우도 많다. 하지만 모름지기 캠페인 전쟁을 준비하는 전략가라면 이런 바람에만 의존해 선거를 치러서는 안 된다. 미래를 예측하는 확실한 방법은 미래를 만드는 것이라고 하지 않던가.

정치는 살아 있는 생물이고, 슈퍼 수요일은 거대한 쓰나미와 같은 에너지를 응축하고 있다. 전략가들에게는 두려움과 함께 도전하고 싶은 열정과 열망을 줄 것이다. 하지만 열정을 뒷받침할 냉철함도 필요하다. 조사하고 분석하고 기획할 것. 짐작하거나 생각한 것을 근거로 말하지 말 것. 어렵고 두려운 일이지만 전략가라면 모두 다 그렇게 할 것이다. 이제부터 2012년의 좁은 전쟁터를 들여다보자.

좁은 전쟁터 1 : 변화

민주당이 캠페인 전쟁에서 이기고자 한다면 현실에 토대를 두어야 한다. 너무나 당연한 일이다. 그리고 그 현실은 언제나 유권자들의 '인식'에서 출발해야 한다. 밖에서 안을 들여다보아서는 진짜 현실을 알 수 없다. 유권자 마인드 안에 들어가서, 안에서 밖으로 선거를 바라보는 것이야말로 진짜 '현실'이라는 점을 잊지 말자.

마케팅이나 선거 캠페인 전쟁에서나, 리더를 권좌에서 물러나게 하는 것은 물론 '변화'다. 변화는 공포와 실망과 분노에서 시작한다. 정치는 기본적으로 분배에 관여하는 시스템이며, 시민들의 효용을 딱 맞춰 줄 '후생함수'도 존재하지 않는다. 선거라는 방법론도 불완전하고, 싫으면 중이 떠날 수 있는 절도 아니다. 그래서 선거 캠페인 전쟁은 언제나 '불만의 목소리'를 표출하는 전쟁터였다.

한나라당의 예산안 날치기 통과에 분노한 민주당이 20일간의 서울역 '노숙 투쟁'을 했던 2010년 12월 무렵의 여론조사를 보자. 정당 지지도를 보면, 한나라당 35.4퍼센트, 민주당 19.3퍼센트. 반면 대선 후보 지지도는 박근혜 25.1퍼센트, 손학규 4.8퍼센트, 유시민 8.4퍼센트. 꽤 우울한 조사 결과 아닌가.

하지만, 그 다음해 2011년 민주당 손학규 후보는 분당 재보궐 선거에서 승리했고, 2011년 여름『조선일보』가 실시한 여론조사는 유권자의 실망과 분노가 '변화'를 바라기 시작했다는 의미 있는 조사 결과를 보여 주고 있다.

총선에서 한나라당을 지지하겠다는 유권자가 34.5퍼센트, 야권 후보 지지는 29.3퍼센트, 무응답은 34.5퍼센트. 정당 지지도는 한나라당이 35퍼센트, 민주당이 21.9퍼센트, 무응답 35.2퍼센트. 여기까지는 우리에게 익숙한 풍경이다. 하지만, 대선에서 한나라당 후보를 찍겠다는 유권자가 40.8퍼센트, 야권 단일 후보를 찍겠다는 유권자는 무려 42.2퍼센트, 무응답은 17퍼센트였다. 놀라운 조사 결과였을 것이다.『조선일보』가 화들짝 놀라서 칼럼을 통해 세세히 분석까지 해준 결과였으니 믿을 만하다. 변화를 바라는 불만의 목소리가 터져 나오기 시작했다는 신호탄이었을 테니까.

이야기는 여기까지가 아니다. 여권의 초조함과 오세훈 서울시장의 오판에서 시작된 서울시 무상 급식 이슈는 주민 투표라는 사건을 만나 '복지 논쟁'으로 비화하고, 한국 '정치 지형의 동서남북'을 수평축에서 수직축으로 급격히 회전시키는 전환점이 된다. 하지만 호사다마. 곽노현 교육감의 구속과 더불어 시작된 '안철수 태풍'은 유권자들이 갖고 있는 '불만의 목소리'가 민주당에게는 그리 간단치 않음을 선명하게 드러내 주는 계기가 되었다.

영리한『조선일보』가 이런 것을 놓칠 리 없다. "정치 태풍은 국민의 야속한 마음 분한 마음 먹고 자라"라는 2011년 9월 16일자 칼럼에서 강천석은 이렇게 쓰고 있다. (『조선일보』는 우리가 캠페인 경쟁자를 분석하고 탐색하는 데 언제나 훌륭한 참고서가 돼 준다. 조·중·동만 꼼꼼히 살펴봐도, 대부분의 필요한 텍스트는 그곳에 있다. 가끔은 전략적 상상력을 자극하는 탁월한 꼼수와 분석도 넘쳐 난다. 경쟁자 중심적인 캠페인 전쟁에서는 전략가라면 누구나 반드시『조선일보』를 읽자.)

안철수 씨는 바람이다. 바람은 만질 수 없다. 보이지도 않는다. …… '안보에는 보수적이고 경제에는 진보적'이라는 천진난만한 사람 안철수 씨가 야당 판에서 수십 년 굵은 나무 허리를 우지끈 요절을 냈다. 잔솔밭의 낙락장송처럼 지난 4년 우뚝하니 버티던 '박근혜 대세론'도 휘청하고 있다. 서울시장 후보로 나선 박원순 변호사의 쭈글쭈글한 풍선이 그가 숨 한번 불어넣자 지지율이 35퍼센트대로 부풀어 올랐다.

……

안 씨는 강남에도 살지 않고 좌파도 아니다. 아직 정치 신고식도 정식으로 치르지 않은 그런 안 씨가 한나라당의 하나 남은 대들보 박근혜 전 대표와의 가상 대결에서 43.3퍼센트 대 47.4퍼센트의 박빙 승부를 벌였다. 한나라당은 그 이유를 뭐라 설명하고 있을까. 국민의 55.7퍼센트가 정권 교체를 희망한다는데도 민주당 계열 대선 주자 7명의 지지율을 모두 더해도 15퍼센트 선에 턱걸이하고 있다. 민주당이 그 까닭을 눈치챘을까. 한나라당이 젊은이들 눈 밖에 난 '노인 정당'이 된 지 오래고 민주당은 번지수 잊은 '문패 없는 정당' 꼴이 된 지 오래다. 국민 60퍼센트 이상이 한나라당과 민주당 소속이 90퍼센트에 육박하는 현재의 국회의원들을 바꾸자고 했다면 두 집안 다 부적격 판정을 받은 것이다.

매우 간결하고 탁월한 분석이다. 특히 민주당의 전략가들이라면 주목해서 봐야 할 몇 가지 대목이 있다.

- 안보에는 보수적이고 경제에는 진보적
- 55.7퍼센트가 정권 교체를 희망
- 한국 정당정치에 대한 '빨간 불'

안철수 씨의 태풍급 바람이 문제가 아니라, 그것을 통해 보여 준 유권자들의 '인식'이 중요한 일이다. 유권자 마인드에 들어가서, 안에서 밖을 바라보는 일은 이렇게 우연한 계기로 '증거능력'을 갖고 전략가들에게 나타나곤 한다.

누군가는 이렇게 말할 수 있다. 그런 짐작이야 하고도 남음이 있었다고. 하지만 짐작하고 담론하는 것은 전략가들이 할 일이 아니다. 짐작과 담론의 수준이라면 누군들 무엇인들 못할 게 있으랴. 그것을 확인하고, 인포메이션(information)이 인텔리전스(intelligence)로 바뀌는 순간이야말로 전략적인 순간이라고 할 수 있다.

국가정보원의 영문 이니셜은 NIS, 즉 National Intelligence Service다. 그들이 왜 굳이 인포메이션이 아닌 인텔리전스를 영문 명칭으로 사용하고 있는지 짐작이 가지 않는가.

이제 민주당의 전략가들은 고민스럽다. '변화'란 어디선가 많이 들어 본 슬로건이다. "Hope for Change." 그렇다. 오바마 대통령이 부시 대통령의 공화당을 향해 꺼내 든 캠페인 슬로건이고, 오바마 전략가들은 이 '변화'라는 '좁은 전쟁터'에 부시 대통령과 늙은 매케인 후보를 밀어 넣고 철저하게 괴멸시킬 수 있었던 슬로건이다.

하지만 여기서 명심할 것이 있다. '변화'라는 슬로건은 거울 효과가 철저히 계산된 메시지였다는 점이다. '변화'는 오바마 후보의 영역이었고, 현역 대통령인 부시를 재포지서닝하는 전략이었다. 부시 대통령의

8년과 매케인의 4년이 어떻게 다른지 설명할 수 없다면 '변화'라는 슬로건은 매케인 후보에게는 치명적인 메시지가 된다. 유투브와 페이스북으로 무장한 오바마 캠페인을 컴퓨터와 이메일을 쓸 줄 모르는 늙은 매케인이 무슨 수로 당해 낼 것인가.

그러나 나와 우리 팀은 '변화'라는 좁은 전쟁터에 회의적이다. 총선을 기획하는 입장에서는 더욱 그렇다. 『조선일보』가 말해 주지 않았는가 말이다. 유권자의 60퍼센트 이상이 한나라당과 민주당이 90퍼센트를 차지하는 지금 국회를 바꾸자고 한다고. 한마디로 말해 민주당도 변화의 대상이라는 말이다.

변화는 민주당의 메시지가 아니다. 민주당 지지자들을 만나 보면, '민주당은 변해야 산다.'라는 말을 입에 달고 산다. 변화가 필요한 것은 민주당이라는 생각이 저변에 팽배하다. 자칫 잘못하면, 박근혜 후보가 '변화'라는 좁은 전투에서 사다리 첫 번째 가로대를 차지할 위험성도 있다.

역대 대통령 선거에서 그랬듯이, 박근혜 후보도 현역 대통령과의 차별화를 시도할 것이다. 그것도 미친 듯이 시도할 것이다. 정동영 후보가 노무현 대통령과의 차별화에 소홀하면서 포지셔닝 전략에 실패한 전례도 타산지석이 된다. 박근혜는 만들어진 후보가 아니라 쟁취한 후보라는 이미지가 강하다. '변화'를 부르짖을 수 있는 후보이고, 그것을 믿게 만들 수 있는 후보이기도 하다.

최초의 여성 대통령 후보라는 점도 그녀가 '변화'라는 좁은 전투에서 승리할 가능성을 높여 준다. 단, '변화'라는 선거 차원이 '정권 교체'라는 선거 차원과 다르게 설정될 때 그렇다는 것이다. 그렇다면 '변화'라는 '좁은 전쟁터'를 '정권 교체'로 옮겨 가는 건 어떨까? 야권 단일 후보를 찍겠다는 유권자는 50퍼센트에 육박하고, 안철수 태풍은 박근혜 후보에 필적하고 있지 않은가 말이다.

좁은 전쟁터 2 : 정권 교체

국민들은 정권 교체를 원한다. 민주당의 전략가들도 알고, 한나라당과 박근혜의 전략가들도 알고 있을 것이다. 여론조사 결과도 그런 사실을 뒷받침하고 있다. 하지만 안철수 바람이 태풍으로 바뀌어도 민주당의 지지율은 여전히 변함이 없다. 민주당 대선 주자의 지지율은 전부 합쳐도 15퍼센트에 턱걸이란다. 번지수 잊힌 '문패 없는 정당'이라는 비아냥거림도 묵묵히 들어야 한다. 유권자의 마인드에 민주당은 '준비되어 있지 않은 정당'이기 때문이다.

1997년 대통령 선거 때도 국민들은 변화를 원했다. 당시 새정치국민회의 전략가들은 '정권 교체'만이 야당의 존재 이유라며 선거 캠페인 또한 정권 교체를 전면에 내세워야 한다고 주장했었다. '변화'와 '정권 교체'를 연결하면 만사형통. 언뜻 당연한 듯 보이는 주장이다. 야당이,

그것도 만년 야당 후보였던 김대중 후보가 정권 교체를 주장하지 않으면 유권자가 김대중 후보를 선택할 이유가 뭐가 있느냐는 것이었다.

하지만, '준비된 대통령' 캠페인을 기획한 전략가들은 생각이 달랐다. 국민들이 정권 교체를 원하지만, 당시 DJ는 '불안한 후보'라는 것이다. 그래서 그들은 포지셔닝 전략에 따라 새로운 영역을 찾았고, '경제 대통령'이라는 좁은 전쟁터와 함께 '준비된 대통령'이라는 재포지셔닝 캠페인을 기획하게 된 것이다. 결과는 우리가 다들 아는 바와 같다.

오늘날 민주당은 이와 매우 흡사한 상황에 놓여 있는 것 같다. 유권자들은 정권 교체를 원하지만, 민주당은 '불안한 정당'이라는 것이다. 여기서 주목할 점은 정권 교체 그 자체가 불안한 것이 아니라는 것이다. 야당이 여당이 되는 정권 교체 불안이 아니라, 민주당이라는 정당의 수권 능력이 불안하다는 점이다. 한마디로 '수권이 불안한 정당'이라는 거다.

우리는 이 문제에 대해 광범위한 조사와 스크린을 해왔다. 태양 아래 새로운 것은 없으나, 담론 수준이 아닌 확인할 수 있는 근거가 필요했다. 꼼꼼히 살펴보면 고민할 몇 가지가 추려진다.

① 민주당은 대통령 후보를 만들 수 없는 불임 정당이다

무엇보다 경쟁력 있는 대통령 후보를 만들 수 없는 '불임 정당'이라는 인식이 유권자들 사이에 있다. 야권 단일화, 정파 등록제, 빅 텐트론은 우리들의 전략일 뿐 유권자들이 안에서 밖을 내다보는 시각에는 여전히 민주당은 '불임 정당'일 뿐이다.

② 민주당은 포지션이 없는 정당이다

정확히 말하면 어정쩡하다. 『조선일보』식으로 말하면 번지수를 잃어버린 '문패 없는 정당'이다. 열린우리당에서 출발해서 국민회의 시절의 호남 지지 기반과 이합집산 끝에, 중도를 표방하는 정당으로 재탄생한 게 민주당이다. 하지만 선거는 민주노동당을 포함한 왼쪽 정파와 후보 단일화로 연명한다. 유권자들이 그렇게 인식하고 있다.

포지셔닝이 없다는 유권자들의 말은 민주당이 1등인 영역이 없다는 말과도 같다. 민주당이 가장 잘 싸울 수 있는 민주당만의 좁은 전쟁터가 없다는 말이기도 하다. 유권자들의 눈에 포지션이 없다는 말을 '타입C' 중도 정당이라고 착각해서는 더욱더 안 된다.

안보에서도 이념에서도, 복지 논쟁이 벌어져도 민주당은 어정쩡하다. 그래서 유권자들은 늘 한눈을 판다. 이런 상품이라면 시장에서는 이미 퇴출이다. 정치사적으로 포지셔닝 전략에 실패한 모든 중도 정당은 정치 무대에서 사라져 갔음을 상기할 필요가 있다.

③ 민주당의 왼쪽 전략은 색깔이 없다

신호등의 색깔은 삼색이다. 파랑, 노랑, 빨강. 우리 머릿속 인식의 사다리는 언제나 고정되어 있다. 어떤 천재적 홍보 전문가도 이를 바꿀 수는 없다. 하지만 민주당의 캠페인 전략은 늘 노랑과 빨강의 결합이다. '가지 마시오'와 '기다리시오'의 결합. 한나라당은 이런 신호등 캠페인에서 항상 선명한 파랑을 유지하고 있는데도 그렇다.

그리고 『조선일보』는 말한다. "안보에는 보수적이고 경제에는 진보적이라는 천진난만한 사람 안철수 씨가 야당 판에서 수십 년 굵은 나무 허리를 우지끈 요절을 냈다. 잔솔밭의 낙락장송처럼 지난 4년 우뚝하니 버티던 '박근혜 대세론'도 휘청하고 있다."고.

민주당은 신호등 캠페인 전략을 다시 한 번 더 살펴보아야 한다. 선거에서 캠페인은 경쟁자 지향적이어야 하고, 민주당은 파랑색 박근혜와 싸워야 하지 않는가 말이다.

정권 교체의 거울 효과

마지막으로 '정권 교체'라는 좁은 전쟁터는 '변화'와 마찬가지로 민주당의 거울 효과 메시지로는 좀 모자람이 있다. 정권 교체 그 자체가 목적인 시절도 있었다. 정권 교체가 곧 민주화인 시대에는 그랬다. 하지만, 이젠 민주당이 정권 교체를 통한 집권의 이유를 제시할 수 있어야 한다. 설득도 할 수 있어야 한다. 적어도 "한나라당 10년이면 이제 됐다."는 장치가 필요해 보인다.

하지만 불행히도, 유권자들은 대부분 민주당도 바뀌어야 할 정당이라고 생각하고 있다. 아프고 속상하지만, 그래서 더 솔직하게 인정해야 할 현실이다.

박근혜 후보는 앞에서도 지적한 것처럼, 만들어진 후보가 아니라 쟁취한 후보라는 이미지가 강한 후보이다. 총선 캠페인을 통해 이명박 대통령과의 차별화도 거칠 것이 없을 것이다. 총선이 끝나고, 이명박 정권과 결산이 끝나면 한나라당 국회의원들도 미친 듯이 박근혜의 차별화 전략에 동참하고 나설 게 뻔하다. '정권 교체'라는 좁은 전쟁터로 캠페인 경쟁자들을 몰아넣는 데 성공한다 하더라도 이래가지곤 승리를 장담할 수 없다.

수권 능력은 한나라당의 좁은 전쟁터이다

한나라당은 수권이 불안한 당은 아니다. 민주당의 약점이 한나라당의 강점이 되는 전형적인 거울 효과 메시지가 한나라당에게는 있다. 박근혜라는 대선 후보가 있고, 그녀는 캠페인 전쟁터의 리더이다. 더구나 그녀는 집권당의 후보다. 집권당은 '잘했느냐 못했느냐'로 유권자의 심판을 받겠지만 최소한 수권이 불안한 당은 아니다.

한나라당은 포지셔닝에도 자신의 영역이 있다. 그 영역이 작거나 좁을 수는 있지만, 유권자들의 마인드 속에 한나라당의 포지션은 존재한다. 민주당은 어정쩡한 번지수 없는 정당이라고 불리지만 한나라당은 '노인 정당'으로 표현되는, 수구 보수라는 번지수라도 있다. 국방이나 안보 문제라면 늘 오른쪽 영역을 차지하고 있고, 빈부의 척도로 나누어지는 수직축에서라면 늘 북반구를 차지하는 영역이 있다.

제3의 후보 문제에서도 비교적 자유로운 오른쪽 전략을 취할 여지가 충분하다. 2011년 9월 28일 수요일에 이석연은 서울시장 보궐선거 후보에서 자진 사퇴했다. 야권의 누군가는 '불장난으로 끝난 범여권 후보 단일화'라고 비아냥거렸지만, 현실은 그리 간단한 것이 아니다. 이석연은 왜 후보에서 자진 사퇴했을까. 지지율이 도통 나오지 않기 때문이다. 우문현답.

한나라당의 오른쪽 전략은 이렇게 늘 여유가 넘쳐 난다. "가운데로 달려가라."라는 캠페인 제1원칙에 충실할 수 있다. 평상시에는 오른쪽에 포지셔닝하고 선거 캠페인 전쟁이 시작되면 가운데로 신속히 움직여 가는 것. 이것이 한나라당, 아니 세상의 모든 우파 정당의 일관된 캠페인 제1원칙이라 해도 과언이 아니다. 집권에 성공한 모든 다른 나라의 좌파 정당도 원칙은 같다. 캠페인 전쟁이 끝나면 좌든 우든, 그들은 모두 '홈 타운'으로 돌아온다.

간단히 말하면, 박근혜 후보는 한나라당의 오른쪽 포지셔닝을 기반으로 '미친 듯이 가운데로 달려갈 것'이라는 얘기다. 언제나 돌아갈 오른쪽 포지션이 있고, 유권자들도 그것을 안다. 그래서 가운데로 미친 듯이 달려가는 후보에게 '소외'를 느낄 이유가 없다.

반대로 민주당 후보는 대선 기간 내내 제3의 후보 전략에 골머리를 써야 한다. 유권자들 눈에 자기 영역이 없는 어정쩡한 민주당은 늘 노랑과 빨강을 섞는 신호등 캠페인에 전전긍긍한 모습이다. 이러다 수권이 불안한 민주당은 노랑, 빨강 신호등에 갈 길을 잃어버리는 건 아닌지, 유권자들은 불안해 할 텐데도 말이다.

'수권 능력이 불안한 정당'이라는 좁은 전쟁터는 민주당이 싫든 좋든 치러야 할 전투가 될 것이다. 총선에서는 더욱 그렇다. 대선 후보 없이 박근혜라는 시장의 리더 상품과 경쟁해야 한다. 야권 단일화는 민주당 캠페인 전략에서 전가의 보도와 같지만, 대선에서는 박근혜의 전략가들이 노리는 좁은 전투의 먹잇감이 될 공산이 크다. 마이너스 캠페인을 준비하는 한나라당 전략가들에게는 이런 거울 효과가 충분한 좁은 전쟁터는 '이보다 더 좋을 순 없다.' 수권 능력이 부족한 민주당을 공격하면 할수록, 저절로 한나라당과 박근혜 후보는 수권 능력에 관한 한 불안하지 않은 집권 여당과 대선 후보가 될 것이기 때문이다.

그들이 준비하는 대선에서의 마지막 좁은 전쟁터는 포지티브(positive)한 전쟁터가 될 것임에 틀림없겠지만, 마이너스 캠페인을 위한 좁은 전투는 '불안한 정당'이 될 게 분명해 보인다. 박근혜의 전략가들이 이 좁은 전투를 잘 치르면 치를수록, 대선 후보 박근혜에게 돌아가는 거울 효과도 클 것이다. 민주당이 이 좁은 전투에 대한 대비 없이 총선을 맞

이한다면, 총선의 결과와 상관없이 박근혜 전략가들은 '수권이 불안한'

민주당의 후보라는 (나중에 누가 야권 연대를 거쳐 대선 후보가 되더라도) 영역

을 재포지셔닝하는 성과를 얻게 될 건 자명한 일이다.

제7장

박근혜의 캠페인 전쟁

박근혜의 전략가들이 충분히 영리할 것이라는 건 의심의 여지가 없다. 오랜 시간 준비해 온 리더의 프리미엄은 그런 것이다. 그리고 그들은 이미 총선의 좁은 전쟁터가 어디인지, 무엇이 필요한지, 어떻게 싸울 것인지를 잘 알고 있다.

총선과 대선은 서로를 강한 인력으로 끌어당긴다. 총선의 이슈도 대선에서 자유로울 수 없고, 대선을 준비하는 일도 총선에서 자유로울 수 없다. 선거의 여왕 박근혜도 총선을 피해 갈 수 없다. 피해 갈 수 없다면, 오히려 총선을 통해 대선에서 치를 캠페인을 준비하는 게 그녀의 전략일 것이다.

그에 반해 민주당은 대선 후보가 없다. 총선과 대선이 강한 인력으로 서로를 끌어당기는 상황에서 캠페인을 주도해 갈 '준비된 후보'가 없다. 아마도 민주당 전략가들은 총선 캠페인 전쟁 내내 우울한 상황을 대면하게 될 공산이 크다. 캠페인 전쟁은 경쟁자 지향적이어야 하는데도 그곳에는 박근혜만이 서있다.

무슨 뜻이냐 하면, 민주당은 준비된 대통령 후보도 없이 총선에서 박근혜 후보와 대선이라는 캠페인 전쟁을 다툴 수밖에 없다는 뜻이다. 지역에서 벌어지는 전투와 별개로 박근혜의 전략가들은 대선에서 벌어질 마지막 좁은 전쟁터를 준비하고 무차별 공격을 가해 올 것이다.

그들에게는 시장에서 리더가 갖는 프리미엄을 행사할 기회가 거의 독점적으로 주어져 있다. 전국적인 미디어와 뉴스가 박근혜를 엄청난 물량으로 유권자에게 노출시킬 것이다. 그녀의 말은 곧 뉴스가 된다. 그녀의 스케줄은 곧 메시지가 된다. 박근혜 캠프의 전략가들이 충분히 영리하다면, 대선에서 벌어질 마지막 좁은 전쟁터를 미리 결정지을 기회를 충분히 활용할 수 있다. 무엇보다, 오류를 만회할 시간적 여유가 있다는 것이 박근혜의 전략가들을 안심시킬 것이다.

박근혜의 전략가들이 충분히 영리할 것이라는 건 의심의 여지가 없다. 오랜 시간 준비해 온 리더의 프리미엄은 그런 것이다. 그리고 그들은 이미 총선의 좁은 전쟁터가 어디인지, 무엇이 필요한지, 어떻게 싸울 것인지를 잘 알고 있다. 박근혜의 전략가들이 충분히 싸울 준비가 되어 있다는 건, 최근의 '복지 전투'에 임하는 그들의 영리함을 보면 금방 알 수 있다.

복지라는 좁고 긴 전쟁터

지금 한국 정치는 '복지의 시대'를 맞고 있다. 여기에 이의를 다는 사람은 아마 없을 것이다. 위에서 언급한 『조선일보』의 글 중, 우리가 주목해야 할 부분이 있다.

안철수 씨는 바람이다. …… '안보에는 보수적이고 경제에는 진보적'이라는 천진난만한 사람 안철수 씨가 야당 판에서 수십 년 굵은 나무 허리를 우지끈 요절을 냈다.

『조선일보』는 복지라는 전쟁터가 경제 영역에서 진보라는 위치를 갖고 있다고 생각하는 것 같다. 시장 지향적 민주주의에서 복지 정책은 민주론적 재분배에 해당하는 정책이므로 시장과 민주주의가 얽혀 있는 정치체제에서는 복지야말로 진보의 땅이다.

『나는 민주당이다』라는 책에 실었던, 2008년 6월자 칼럼에서 나는 이렇게 썼다.

진보성은 이데올로기의 문제가 아니라 누구를 위한 것인가가 핵심이다. 서민과 중산층을 위한 생활상의 요구와 지향을 실현할 의무가 우리 민주당에게 있다. 바로 그것 때문에 집권당 시절에 많은 비판을 받았던 만큼 이제 야당이 되었으니 원점에서부터 다시 시작한다고 생각하고 계급 계층적 지향성이 분명한 정책 마련에 주력해야 한다. 그래서 나는 그 지향점을 '생활 속의 진보'라 요약한다.

우리는 그렇게 했는가. 아니다. 민주노동당을 제외하면 여야를 막론하고 어느 정당도 계급 계층적 관심이 높은 사안에 대해 능동적으로 입장을 정리하고 대안을 내놓는 당은 없었다. 복지라는 진보의 땅에 민주당은 기득권이 없다는 것이 내 솔직한 고백이다.

시장론자들은 말한다. 부지런하고 열심히 일하는 사람들이라면 누구나 시장의 보이지 않는 손길에 분배를 맡기고자 할 것이라고. 선거를 통해, 시장이 만든 여윳돈을 빼앗듯 재분배하는 것 자체가 좌파적인 것이라고. 열심히 일하지 않는 자들만이 진보의 이름으로 선거 전쟁의 전리품을 챙기려고 한다고.

그래서 그들은 복지를 말할 때 늘 나눔과 배려를 얘기하고, 빈곤층과 낙오자와 실업자에 대해 말한다. 시장에서 벌어 민주주의를 먹여 살린다는 것이 그들의 생각이다.

이렇든 저렇든, 복지라는 좁은 전쟁터는 확실히 민주당 전략가들에게는 굿 뉴스다. 드디어 진보 진영이 고대하던 동서남북의 축이 움직이기 시작했다는 실증이다. 지역 분할의 수평축이 완강했던 한국 정치 지형에 진보의 전쟁터가 도래한 것이다. 더구나 그동안 야권이 줄기차게

외쳐 온 보편적 복지에 유권자들도 '이제는 때가 되었다'고 엄지손가락을 치켜세워 주고 있지 않은가. 적어도 서울시 무상 급식 주민 투표를 통해 유권자들은 더 많은 복지를 원하고 있음이 확인된 마당이다. 더군다나 복지가 이번 총선의 좁은 전쟁터가 될 것임을 의심하는 사람은 아무도 없다.

하지만, 이런 한국 정치 지형의 변화와 복지 이슈의 좁은 전쟁터가 반드시 민주당의 승리를 보장해 주는지는 의문이 든다. 나와 우리 팀은 이 문제에 많은 고민이 있었다. 우리의 결론은 부정적이다. 복지는 결코 민주당이 쉽게 이길 수 있는 전쟁터가 될 수 없다.

캠페인 전쟁은 경쟁자 지향적이고, 박근혜의 전략가들은 복지라는 좁은 전투를 피해 갈 수 없음을 누구보다 잘 알고 있다. 우리보다 더 절실할지도 모르고, 최소한 우리만큼은 알고 있다. 그래서 그들은 복지 전투를 외면하거나 피해 갈 생각은 추호도 없을 것이다. '중위수 꺾기'라는 전술이 최소한 그들에게도 기회를 줄 수 있을 테니까.

박근혜의 중위수 꺾기

2012년 선거 캠페인 전쟁을 앞두고, 한국 정치는 복지의 전성시대를 맞고 있다. 복지도 그냥 복지가 아니다. 보편적 복지, 따뜻한 복지, 생애 맞춤형 복지, 생활 복지. 민주당을 비롯한 야권은 복지에 관한 한 저작권이 있다고 주장하고 싶을 지경이다. 민주당의 눈에는 짝퉁과 카피 상품이 판을 치는 혼탁한 시장이 되고 말았다. 한때는 민주당의 블루 오션이었는지 몰라도 이제는 오염된 레드 오션일 뿐이다.

박근혜의 전략가들은 이런 상황을 '물타기'라고 표현하고 싶을지 모르겠다. '비락 식혜'가 시장에서 인기를 끈 적이 있었다. 식혜를 캔 음료로 시장에 처음 포지셔닝한 상품이었고, 당연히 판매고도 1위를 달렸다.

하지만, 성공도 잠시. 얼마 안 있어 시장에는 온갖 종류의 캔 식혜가 쏟아져 나온다. 그중에서도 대기업에서 출시된 식혜는 누가 봐도 카피 제품에 짝퉁 상품이었지만, 그들에게는 나름의 전략이 있었다. 저가의 짝퉁 식혜로 전국의 소매점을 점령해 버리는 것이다. 뭐가 뭔지 모를 정도의 짝퉁 식혜가 판을 친다. 따뜻한 식혜, 커다란 식혜, 맞춤형 식혜, 식사대용 식혜. 이제 식혜는 더 이상 시장의 대세가 아니다. 포지셔닝이고 뭐고, 식혜라는 시장의 영역이 오염되어 사라져 버리는 것이다.

이런 물타기 전술은 '미테랑의 전술'이라고도 불리는 캠페인 전술과 비슷한 면이 있다. 프랑스의 미테랑 대통령이 1985년 총선에서 패하고, 시라크 수상과 동거 정부를 구성하며 좌우 정책을 한 통 속에 넣고 끓여 버린 전술이다. 동거 정부를 구성한 후 미테랑의 정책 프로그램을 시라크가 추진하고, 승리한 시라크의 어젠다가 충분히 실현되도록 미테랑이 적극 협조해 주는 물타기 전술이었다(미테랑은 이 방법으로 1987년 대선에서 시라크를 이겼다).

한나라당이 오세훈 시장의 주민 투표 패배 후 쏟아 내기 시작한 복지 상품도 아마 이런 '미테랑 전술'의 연장선에 놓여 있을 것이다. 하지만 앞 장에서 살펴봤듯이, 이런 조악한 '미테랑 전술'로 그칠 박근혜 후보가 아니다. 클린턴의 책략가 딕 모리스가 발전시킨 이른바 '중위수 꺾기'가 2012년 총선에서도 드디어 빛을 발할 수 있는 순간이 왔다.

중위수 꺾기 전략은 세 가지 점에서 박근혜 전략가들이 매력적으로 생각하는 전략일 수 있다.

① 한국 정치 지형에는 아직 안보와 이념이라는 강력한 수평축이 남아 있다

아직도 안보와 이념이라는 영역에서 보수적인 중위수를 갖고 있는 유권자 분포가 '복지'라는 영역에서 '중위수 꺾기'를 효과적으로 만들어 주는 구조가 있다는 점이다. 복지 정책이 진보의 정책이라는 이미지가 강하면 강할수록, 안보와 이념에서 보수적인 우리나라 유권자들은 "복지는 좋지만, 안보에서는 진보가 불안하다."는 갈등을 갖게 될 여지가 있기 때문이다.

② 진보 야당을 통해 민주당을 재포지셔닝할 수 있다

일단 중위수 꺾기를 시도하는 것 자체가 물타기 전술의 연장선상에 놓여 있을 수 있고, 이 경우 민주당의 복지 포지션이 민주노동당과 진보신당 혹은 국민참여당에 비해 선명치 않다는 점이 노출되거나 부각될

거라는 점도 호재이다.

민주노동당을 제외하면 여야를 막론하고 어느 정당도 능동적으로 복지에 대한 입장을 정리하고 대안을 내놓는 당은 없었다.

③ 복지는 중앙정부의 어젠다이고 민주당에는 대선 후보가 없다

복지 정책은 대통령의 어젠다이다. 재분배의 문제는 대통령을 빼고 논의하기 어려운 이슈다. 유권자들이 인식하는 복지 정책도 대통령의 어젠다가 맞다. 그럼에도 불구하고 민주당은 대선 후보 없이 총선에서 복지 이슈를 다루어야 한다. 책임질 사람이 없는 복지 정책을 누가 믿어줄 것인가.

이런 맥락에서 박근혜의 전략가들은 복지 이슈에 관한 중위수 꺾기를 시도할 게 분명해 보이고, 그 지점은 한나라당의 줄자 눈금에서는 한참 왼쪽으로 치우쳐 있는 복지 중위수가 될 것이다. 고기석 박사는 민주당 집권 전략을 수립하는 나와 우리 팀을 돕기 위해 박근혜 캠프의 입장에서 캠페인 전략·전술을 검토하며 전략 시뮬레이션에 참가했는데, 박근혜 캠프의 입장에서 중위수 꺾기를 다음과 같이 정리했다.

중위수 꺾기는 상대방의 영역에서 싸운다는 전제가 깔린 전략입니다. 예전에는 캠페인을 하면 죽어라 자기 영역에서 목소리를 높이는 전술이 대부분이었습니다. 상대방의 영역에 들어가는 것 자체가 패배를 의미한다고 생각했던 거죠. 중위수 꺾기는 처음부터 상대방 영역에 들어가서, 그중에서도 가장 취약한 지점인 상대방 중위수에서 캠페인을 시작한다는 대담한 전략입니다.

예를 들면, 보편적 복지라는 영역을 박근혜 후보가 조건 없이 받아들이는 것에서 시작하는 것입니다. 국민이 원하는 것은 옳다. 그러니 클린턴이 공화당의 영역인 균형예산을 받아들이고, 누구보다 먼저 독자적인 균형예산안을 발표해 버리는 것처럼 박근혜 후보도 복지에 관한 한 경계를 없앨 수 있다고 봅니다.

박근혜 캠프의 전략가들은 복지라는 이슈를 '여윳돈'의 개념으로 만들어 갈 수 있습니다. '퍼주기식 복지'라는 표현을 한나라당이 많이 써왔는데요, 여권 사람들은 복지를 부자가 가난한 사람에게 여윳돈을 나눠 주는 '나눔'이나 '자선'의 개념으로 바라보는 경향이 있는 것 같습니다. 캠페인 측면에서 말한다면 "가난한 정부와 사회는 복지의 여유가 없다."라는 설득 논리가 될 것입니다.

이런 논리라면 지금 한국에서 복지를 얘기하는 것 자체가 그동안 시장주의자들이 만들어 낸 논리와 맞아떨어지는 측면이 있습니다. 성장의 과실이 있기에 복지도 가능하다는 얘기가 될 수 있을 겁니다. 박근혜 캠프라면 '산업화 세력의 경제성장 과실을 민주론적 복지 프로그램으로 나눠 준다.'는 언어 정도가 될 겁니다.

이곳에 박근혜 캠프가 시도할 중위수 꺾기의 기회가 있습니다. 박정희 시대를 산업화 세력으로 자리매김한 건 아무래도 DJP연합의 유산이라 야권도 딱히 부정할 근거가 약할 것 같습니다. 이런 산업화 세력이 만든 여윳돈을 나누는 일이라면 박근혜 후보야말로 복지 정책에 적임자라고 주장할 수 있습니다. 복지에 대한 찬반 논쟁이 아니라 방법론에 대한 논쟁을 하는 거죠. 전형적인 중위수 꺾기라 하겠습니다.

시장이 만든 성장의 과실을 아버지 세대의 희생과 노력으로 만든 과실로 접근

할 수도 있고, 산업화 세력을 이끈 박정희 전 대통령의 딸이 챙겨 준다는 정서적 접근도 가능할 듯싶습니다.

무엇보다 그런 산업화 세력의 여윳돈에 대한 재분배를 첨예한 사회적 갈등 없이 실천할 수 있는 적임자가 박근혜 후보라는 주장은 설득력이 있어 보입니다. 한나라당의 박근혜 줄서기와 대기업 오너들의 협조 등이 어우러지면 실천력도 커보일 겁니다.

야권은 설령 대선에서 승리한다 해도, 정치적 투쟁과 저항 속에서 재분배를 쟁취해야 하지만, 박근혜 후보는 그런 갈등과 불안의 증폭 없이도 복지 프로그램을 실천할 수 있는 힘이 있다고 하면 어떨까요.

이런 중위수 꺾기는 상대방 영역으로 깊숙이 들어간다는 것 자체가 놀랍고 대담한 전술입니다. 민주노동당이 안보에 관한 상대방 영역으로 들어가는 장면을 한번 상상해 보시면 알 수 있을 것입니다. 민주노동당이 북한의 체제 자체를 부인하는 곳에서 캠페인을 시도한다는 상상 말입니다.

박근혜 후보라면 복지라는 영역에 들어가서 그것도 중위수까지 달려가는 데는, 아마도 여권의 걸림돌은 거의 없다고 봐야 할 겁니다. 최근의 『조선일보』가 집중적으로 벌이고 있는 '자본주의 4.0' 캠페인도 이런 중위수 꺾기의 연장선에서 봐야 그 실체가 보입니다. 지능적이거나 직관적이거나, 그들은 그런 면에서 전략적 마인드가 강하다고 봐야 옳습니다.

이런 생각에 나와 우리 팀은 많은 공감을 느낀다. 복지라는 좁은 전쟁터도 결코 만만치 않은, 싸우기 힘든 전투가 될 것 같다. 박근혜 캠프가 복지라는 카드를 꽤 인내심을 갖고 아끼고 있다는 건 우리 모두 아는 사실이다. '따뜻한 복지'와 '생애 맞춤형 복지' 등 세간의 신조어들도 모두 박근혜를 중심으로 논의되고 있는 복지 메시지들이다. 생애를 통해 그때그때 필요한 복지를 맞춤형으로 제공해 준다니 얼마나 달콤한 말인가. 출산·탁아·교육·직업·은퇴·양로·요람에서 무덤까지. 어디선가 많이 들어 본 소리지만, 생애 맞춤형 복지는 그럴듯하다.

민주당의 보편적 복지와 박근혜의 생애 맞춤형 복지가 서로 우열을 가리려 경쟁하는 모습을 상상하는 것만으로도 이미 중위수 꺾기에 말려든 기분이 드는 것을 어쩔 수 없다.

선거가 시작되기 전까지 그녀는 말을 아낄 것이다. 보수 정객과 보수 언론의 비아냥거림과 불만의 목소리에도 '사오정'으로 일관할 것이다. 하지만 막상 선거 캠페인 전쟁이 시작되면 그녀는 드디어 중위수로 달려간다. 그것도 미친 듯이. 그때 한나라당과 보수 정객과 보수 언론은 누구도 토를 달지 않을 것이다. 그들도 그것이 전략인 줄 아는 까닭이다. 싸움터에서는 그렇게 누구나 전술적으로 움직이고 생각하고 말할 줄 알게 된다.

그리고 우리 민주당은 그런 그녀를 대항할 대항마가 없다. 복지라는 국가 어젠다를 책임지고 말할 대선 후보가 우리에게는 없다. 두려운 일이다. 이런 까닭에 복지 전쟁터는 우리가 생각하는 것만큼, 우리가 더 잘 싸우고 더 많이 더 빨리 승리할 수 있는 전투가 되지는 않을 것이라고 나는 믿고 있다.

『조선일보』와 자본주의 4.0

박근혜와 그녀의 전략가들이 복지라는 영역에서 중위수 꺾기에 골몰하고 있을 즈음, 『조선일보』는 『조선일보』대로 그들만의 캠페인 전쟁을 준비하고 있는 것 같다. 『조선일보』는 오세훈 시장의 주민 투표 실패와 때를 같이해서, '인간적인 자본주의'라는 개념의 '자본주의 4.0' 캠페인을 시작했다. 그것도 아주 심층적이고 광범위한, '작심한 듯 나서는 캠페인'이다. 『조선일보』는 '자본주의 4.0'을 이렇게 전한다.

20세기 초 자유방임의 고전 자본주의 시대(자본주의 1.0)를 지나 1930년대 대공황 이후 케인스가 내세운 수정자본주의(자본주의 2.0), 1970년대 자유 시장 자본주의(신자유주의, 자본주의 3.0)에 이어 등장한 새 자본주의를 뜻한다. 따뜻한 자본주의를 표방하는 4.0시대에도 물론 기업인과 대그룹 오너들은 여전히 기업을 키우고 많은 수익을 올려야 한다. 단 '＋알파'가 있어야 한다. 그것은 나눔과 배려, 사회적 책임을 실천하는 모습으로 사회 구성원들을 감동시키는 것이다. 그래야 지속 가능한 사회가 된다.

견강부회가 심한 정치 공학적 냄새가 풀풀 나지 않는가. 『조선일보』의 달콤한 속삭임을 듣고 있노라면, 마치 '자본주의 4.0'을 이룩한 '따뜻한 자본주의'가 가까운 어딘가 손을 뻗치면 닿을 곳에 있는 것 같다. 아마도 급한 마음에 수구 전략가들이 머리를 짜냈던 모양이다. 피식 웃음이 나올 지경이다.

그래도 역시 『조선일보』는 기대를 버리지 않는다. 팩트를 정리하고 분석하는 일에는 탁월하다. 이래서 『조선일보』를 보는 재미가 있다. 『조선일보』가 전하는 우리 사회를 보자.

서울 신사동 도산공원 후문 근처에 이탈리아 식당 '더 키친 살바토레 쿠오모'가 있다. 일본 유명 레스토랑 체인 브랜드인 이 식당은 매일유업 창업주 2세 김정완 회장이 2009년 들여와 문을 열었다. 도산공원 정문 쪽 호림미술관 1층에는 이건희 삼성전자 회장의 장녀 이부진 호텔신라 사장이 시작한 빵집 '아티제'가 있고, 같은 층에 남양유업 창업주의 2세인 홍원식 회장이 시작한 이탈리아 식당 '일 치프리아니'도 들어가 있다. 이곳에서 걸어서 5분 거리인 씨네시티 근처의 냉면집 '강서'는 범현대가인 성우그룹 창업주의 2세인 정몽용 성우 오토모티브 회장이 투자한 곳이다. 도산공원 근처에는 대그룹 창업주 2~3세가 투자한 식당이 4~5개가 넘는다. '재벌가 2~3세들의 식당 타운'이라는 말이 있을 정도다.
심지어 떡볶이, 치킨 등 골목 상권 업종까지 손을 댄다. 서울 강남역 옛 뉴욕제과 옆 골목에 있는 떡볶이 전문점 '베거백'은 리조트 기업인 대명 코퍼레이션의 서준혁 대표가 운영하고 있다.
해외에서 금융 분야를 공부한 오너 2~3세와 일부 벤처기업인들은 '본업'은 제쳐놓고 주식 대박을 좇다가 물의를 빚은 경우도 많다. 지난 5월 구속된 재벌가 3세 구본현 전 엑사이엔씨 대표도 그런 경우다. …… 이들의 생활은 대그룹 총수 못지않다. 사회적으로 촉망받는 벤처기업인 중에서도 회사 돈으로 대당 수억 원씩 하는 수입 스포츠카를 몰고, 미국이나 싱가포르 등 교육 여건이 좋은 지역에 호화 주택을 구입해 살면서 한국과 해외를 나들이하듯 드나들며 기업

경영을 하는 사람이 적지 않다.

일부는 자신이 사회적 규범이나 법 위에 있는 듯이 행동해 사회적 반감을 사기도 했다. 예를 들어 SK그룹 창업주의 조카 최철원(42) 씨는 고용 승계를 요구하며 시위를 벌였던 50대 탱크로리 운전기사를 야구방망이로 폭행한 뒤 매 값으로 2천만 원을 건넸다가 구속돼 실형을 선고 받았다. 지난 6월 중순에는 새벽에 강남 도산대로·영동대로·압구정로에서 정모(31) 씨 등이 고급 외제 스포츠카를 몰고 광란의 폭주를 벌였다가 경찰에 붙잡히기도 했다. 정 씨는 카 레이싱이 취미였다. 한 레이싱 팀 홈페이지에 자신을 '돈 좀 만지는 백수'라고 소개했으며, 경북 지역에서 대형 워터파크를 운영하는 아버지가 사준 외제 스포츠카를 몰고 강남 도심에서 굉음을 올리며 소란을 피웠다.

자기 오락과 '화풀이'를 위해 대한민국 법과 질서는 아랑곳하지 않는 이런 행태는 기업인과 그 2~3세들의 이미지를 실추시키는 데 그치지 않는다. 대한민국 자본주의를 타격하는 행위다.

꽤나 장황하고 적나라해 보이는 폭로처럼 보인다. 하지만 정작 더 크고 많은 반칙과 특권에 관한 이야기는 '통 크게' 빼먹고 있는 『조선일보』라는 것을 우리는 안다. 『조선일보』의 메시지는 이런 거다. 이런 저런 잔챙이들의 속상한 일들이 있는 건 다 알지만, 너무 아파하지 말고 기다려 보라는 거다. '따뜻한 자본주의', '자본주의 4.0' 버전이 곧 출시된다고 속삭인다. '다 같이 행복한 성장'을 하자고 어르고, '빈곤층도 손 잡고 함께 가자'고 달랜다. '청년을 일하게 하자'고 목소리를 높이더니, '교육 낙오자도 없애자'며 불끈 주먹도 쥔다. 서울과 지방의 격차를 줄이고 지방대도 살리고, 영세 자영업자에게 희망도 주고, 중산층의 붕괴도 막고, 비정규직 임금도 올려 주자고 인심도 쓴다. 그리고 마지막에는 이 모든 것을 대기업 오너들에게 부탁한다며 '큰 바위 리더십'으로 끝을 맺었다. 쓴웃음.

『조선일보』는 영악하다. 『아프니까 청춘이다』를 쓴 김난도, 서울대 교수에게 자본주의 4.0의 구체적이고 실천적인 대안을 주문했다고 한다. 소액주주 운동으로 유명한 장하성 고려대 경영학과 교수에게도 같은 주문을 하고 그 둘의 대담을 정리해서 싣고 있다. 실천적 대안은 나올 턱이 없었지만, 그들은 필요한 구색을 맞췄을 거라 생각했을 것이다. 외국의 학자 한 명도 그림을 만들기 위해 동원된 건 사족이다.

『조선일보』의 자본주의 4.0 캠페인은 어딘가 박근혜의 중위수 꺾기와 닮아 있지 않은가. 암만 봐도, 고기석 박사가 언급했던 박근혜의 중위수 꺾기와 꿰맞춘 듯 맥락이 동일하다. '따뜻한 자본주의'와 '따뜻한 복지'가 그렇고, 한국 정치 지형의 동서남북 축이 바뀌는 타이밍과 자본주의 4.0의 진화가 그렇다. 기업인과 대기업 오너는 여전히 많은 수익을 올려서 나눠 줄 '여윳돈'을 만들어야 한다고 주장한다. 복지를 통한 재분배는 이런 여윳돈이 있어야 가능한 나눔과 배려라는 그들의 주장은 아무리 봐도 박근혜의 복지 중위수 꺾기에 다름 아니다.

3부

민주당의 집권 전략 :
새로운 전쟁의 시작

제8장

민주당의 새로운 전쟁터

유권자들이 민주당에 대해 인정해 주고 있는 것은 민주당이 한나라당이 할 수 없는 일을 해줄 수 있다는 인식뿐이다. 한나라당이 할 수 있는 일을 민주당이 더 잘할 수 있다고 주장하는 것은 포지셔닝 전략이 아니다.

유권자들은 말한다. 그리고 국민들이 말한다. 민주당은 리더십이 없다. 좋은 후보도 없다. 대통령 후보도 없다. 민주당은 어정쩡하다. 이념은 불투명하고 안보는 불확실하다. 민주당은 수권이 불안하다. 민주당은 노랑과 빨강을 섞는 캠페인 외에는 전략이 없다. 생활 정치에는 무능하고 복지 전쟁도 대안이 없다. 변화가 필요한 것은 민주당이다. 정권 교체보다 수권 불안이 더 크다. 민주당은 지역당이다. 민주당은 분열한다. 시민 세력도 외면한다. 젊은 유권자들도 외면한다. 민주당은 병들었다.

하지만 이런 어려움은 민주당만이 겪는 어려움은 아닐지도 모르겠다. 선거 캠페인 전쟁터에서는 다른 이들도 우리와 똑같은 어려움을 겪곤 한다.

유권자들은 인식의 포로이고, 이건 소비자 시장에서도 늘 똑같다. 정치 지형의 동서남북도 변하고, 유권자들의 판도 변한다. 중위수로 달려가는 선거 전략은 소외와 무관심을 낳고, 제3의 후보는 언제나 그 틈을 비집고 들어온다. 최소 승리 연합은 지역 연합과 계급 연합을 가져온다. 정파는 연합하거나 연정하는 이합집산을 계속한다. 지역이든 이념이든 정당은 자신의 홈 타운을 갖고 있다. 하지만 그들은 선거 전쟁이 시작되면 모두 중위수로 달려간다. 그곳에는 좌우가 뒤엉키는 혼재된 전쟁터이다. 길고 좁은 전쟁터에는 중위수 꺾기와 물타기가 난무한다. 유권자들은 지쳐 가고 정치는 혼탁할 뿐이다.

하지만 이런 혼란과 치열함을 너무 과장할 필요는 없다. 선거라는 절차적 민주주의에도 너무 비관적일 필요는 없다. 선거 정치라는 캠페인 시장에서도 '보이지 않는 손'은 여전히 합리적인 선택을 유도해 주기 때문이다.

선거는 기울어진 운동장에서 싸운다

사실 선거 정치에는 승자도 패자도 없다. 이슈와 안건의 선호는 순환하거나 아예 처음부터 정답이 없다. 선거 방법은 절차적 민주주의를 우울한 전망으로 밀어 넣기도 한다. 그렇기에 좋은 정치인이 꼭 좋은 후보일 수는 없다. 선거 전쟁에서 이기는 일이 반드시 민주적이지만은 않은 것도 사실이다. 정의가 강물처럼 흐르는 그런 선거 정치는 이론적으로도 불가능하다.

세상의 모든 정당은 이런 점에서 모두 병들어 보일 수 있다. 기울어진 운동장에서 경쟁하는 축구 선수들을 상상해 보라. 그들 모두는 병들어 보일 것이다. 그래도 승패는 있다. 기울어진 운동장에서도 전략은 빛난다. 전략적인 팀만이 승리한다는 것은 기울어진 운동장에서도 변함없는 진실이 된다.

영국의 노동당도 그랬고, 프랑스의 미테랑도 그랬다. 미국 공화당도, 클린턴도 선거 캠페인 전쟁의 기울어진 전쟁터에서 비틀거리며 싸워 왔다. 국민들의 질타와 분노의 목소리에 이리저리 흔들렸지만, 그들은 그것이 선거 정치임을 안다. 자신들의 정치적 이상을 실현하기 위해 이겨야 하는 캠페인 전쟁임을 안다. 그렇게 그들은 신념과 열정으로 묵묵히 과업을 수행할 뿐이다.

선거 캠페인 전쟁에서는 때로는 승리하고 때로는 패배하기도 한다. 캠페인 전쟁의 전략가들은 오랜 세월을 그렇게 싸워 왔다. 승리했다면 그것은 전략적 승리였을 뿐, 그들의 이상과 후보가 절대적으로 옳고 강해서 승리한 것은 아니다.

민주당은 국민의 목소리에 귀 기울여야 하지만, 스스로 병들었다는 패배감에 미리 빠질 필요는 없다. 하지만 전략에 실패하고 지는 싸움을 해왔다면, 잘못을 바로잡아야 한다. 유권자들에게 새로운 전략을 보여 줄 수 있어야 한다. 우리는 병들지 않았다고 목소리만 높여서는 소용이 없다. 유권자들의 인식은 쉽게 바뀌지 않는다. 마케팅 불변의 법칙이 그걸 보여 주었고, 캠페인 불변의 법칙이 증명해 주었지 않은가 말이다.

민주당의 새로운 포지셔닝 전략

우리가 새롭게 시작해야 한다면, 그건 포지셔닝 전략이 출발점일 것이다. 포지셔닝 전략은 의외로 간단한 출발점에서 시작된다. 유권자의 마인드, 그곳에서 유권자가 인정하는 것에서부터 시작하면 되는 것이다. 유권자의 인식에 집중하고 민주당이라는 상품은 잠시 옆으로 미뤄 두는 것이 좋다. 민주당이 무엇을 함으로써 유권자들을 설득하려는 것은 좋은 방법이 아니다. 포지셔닝 전략에 따르면 유권자들이 '인식'하는 그곳에 민주당이 빅 텐트를 치는 것이 옳다. 유권자들이 잘할 수 있다고 생각하는 그곳이 민주당이 잘할 수 있는 곳이다. 유권자들이 민주당이 해야 하는 일이라고 생각하는 그것이 민주당이 더 잘해야 하는 무엇인 것이다.

유권자들이 민주당에 대해 인정해 주고 있는 것은 민주당이 한나라당이 할 수 없는 일을 해줄 수 있다는 인식뿐이다. 한나라당이 할 수 있는 일을 민주당이 더 잘할 수 있다고 주장하는 것은 포지셔닝 전략이

아니다. 거울 효과 메시지도 이런 포지셔닝 전략을 통해 민주당이 십분 누릴 수 있다

민주당이 어느 날 새로운 정책 서비스를 위한 전문가 조직을 확대하고, 지방 조직을 업그레이드했다고 선전한다고 해서 민주당에 유권자들이 열광하지는 않는다. 그런 일들이 중요하지 않다는 뜻이 아니다. 그런 노력이 쌓이고, 유권자들의 신뢰를 얻는 일도 중요할 것이다. 다만 캠페인 전략으로는 포지셔닝 전략이 더 광범위하며 효과적인 방법이라는 뜻이다.

우리가 잘할 수 있는 영역에서 캠페인 전쟁을 하는 것이 최선의 전략이지만, 캠페인은 경쟁자가 있는 싸움이다. 반대편 경쟁자들은 그들 나름대로 자신들이 원하는 전쟁터가 있을 것이다. 우리가 원하는 전쟁터를 찾아내는 것도 쉬운 일은 아니지만, 그것보다 더 힘든 일은 그 전쟁터를 선거전의 마지막 전쟁터로 만드는 일이다.

이제부터 민주당의 새로운 전쟁터로 들어가 보자.

민주당이 싸워야 할 새로운 전쟁터 : 경제민주화

안철수 씨는 사실 『조선일보』가 주장하는 것처럼 '경제에서 진보'를 외친 적이 없다. 그는 단지 '상식이 통하는 세상'을 말했을 뿐이다. 한나라당과 보수 언론의 눈에 보이는 '경제에서 진보적'인 안철수 씨가 보이

지만, 유권자들의 마인드에 진입해서 안에서 밖을 보면 전혀 다른 풍경이 펼쳐진다.

유권자들은 한국의 정당정치에 혐오에 가까운 불신을 갖고 있다. 총선거가 있을 때마다 40퍼센트의 국회의원이 전사하는 캠페인 전쟁터는 그 예를 찾기 쉽지 않을 정도이다. 한나라당도 민주당도, 심지어는 말끝마다 정의를 외치는 민주노동당도 진보신당도 마찬가지다. 왜 그럴까. 대답은 '특권과 반칙'이라는 유권자의 인식에서 찾을 수 있을 것 같다.

유권자들은 세상의 모든 기득권은 '특권과 반칙'에 기대 살고 있다고 인식한다. 정치적 민주화가 이뤄지고, 문민정부 10년의 세월을 보냈지만, 여전히 우리 사회는 특권과 반칙이 여전하다고 인식하고 있다.

이런 인식이 현실이라면 우리는 그 실체를 알아야 했다. 나와 우리 팀은 그동안의 광범위한 조사와 분석을 통해 유권자들의 인식에 담겨 있는 실체가 '경제 독재'에 근본적인 뿌리가 닿아 있다는 사실을 알게 되었다.

경제민주화의 거울 효과 : 경제 독재

우리는 시장 지향적 민주주의에 살고 있다. 시장과 민주주의는 각기 떨어져 있는 체제가 아니다. 시장과 민주주의가 결합된 융합 체제에서 우리는 살고 있다. 서로 모순된 듯 보이는 두 시스템의 융합 체제가 몸이 붙은 채 태어난 샴쌍둥이처럼 불안해 보이지만, 오늘날 다른 모든 정치경제 체제를 물리치고 번성하고 있는 것, 그것이 우리가 목격하고 있는 실체적 진실이다.

이런 체제가 번성하기 위해서는 정치의 민주화만큼 경제의 민주화도 중요하다. 정치 독재가 부정부패와 권력의 남용을 낳듯이, 경제 독재는 불공정과 경제 권력의 세습을 낳는다. 시장 지향적 민주주의에서 부를 상속하는 일은 민주적 절차이고 돈을 벌고자 하는 기업가 정신의 중요한 토양 중 하나임에 틀림없다. 그런 동기부여가 있기에 시장은 번성하고 덩달아 민주주의도 풍요로울 수 있다.

하지만 세습의 문제는 다르다. 정치 독재도 따지고 보면, 유권자들의 선택과 상관없이 권력을 이어가려는 탐욕에서 출발한다. 선출직을 세습하려는 비민주적 권력 남용이 정치 독재의 근간인 것이다. 공정한 방법으로는 권력 세습이 불가능하다. 권력의 세습은 권력의 독점을 의미하고, 사회 공동체의 정의를 부정한다. 특권과 반칙만이 난무하는 세상이 남을 뿐이다.

경제도 마찬가지다. 시장은 보호 받고, 기업가 정신은 배양되어야 그 사회가 번영할 수 있다. 시장 지향적 민주주의에서는 이런 시장의 번성을 기초로 민주주의도 풍요로워진다. 하지만 부의 상속을 넘는 경제 권력의 세습은 경제 독재에 다름 아니다. 불공정한 세상만이 남을 뿐이다.

이런 일들을 상상해 보자.

- 대기업 오너는 아들·손자·며느리에게 일감을 몰아준다. 1조 원 정도를 몰아줘도 몰아준 기업의 이사들은 늘 더 줄 게 없어서 황송하다. 몰아 받은 오너의 혈족들은 더 안 준다고 으르렁거린다. 광고도 몰아주고, 컴퓨터 시스템 개발도 몰아주고, 부품 유통도 몰아주고, 건설 하청도 몰아주고, 건물 관리도 몰아주고, 할 수만 있다면 회사도 통째로 넘겨주고 싶다. 이런 일감 몰아주기는 경제 민주국가에서는 형사처분감이다. 하지만, 그런 형사처분 조항이 아직 형법에 없어서 처벌한 근거가 없다.

- 대기업 이사들이 모여서 자신들 회사의 전환사채를 시가보다 엄청 싸게 발행하기로 결의해 오너 아들에게 팔기로 한다. 물론 배임 행위다. 다른 주주들이 알면 기절할 일이다. 그러나 그렇게 싼값에 전환사채를 받은 오너의 아들은 선의의 제3자로 보호 받는 게 법이다. 결국 전환사채 발행에 참여한 이사들은 감옥에 간다. 그래도 그들은 행복하다. 주군이 행복하다면 죽어도 좋다.

- 탱크로리 기사가 감히 고용 승계를 요구한다. 뭐든 반대하면 반항이다. 그래서 야구방망이로 때려 준다. 매 값은 충분히 던져 준다. 2천만 원이나 통크게 던져 준다.

- 어떤 기업이 동일한 자본 계통하에 가족 및 혈족을 중심으로 경영권을 행사하고 정부의 지원하에 성장한다. 정부는 이런 기업을 위해 외국에서 차

관을 빌려다 준다. 물론 보증도 서준다. 땅도 골라 준다. 경제가 나빠지면 부채 탕감도 해준다. 이런 기업은 전 세계에서도 유례가 없어서 옥스퍼드 사전도 딱히 번역이 안 돼, 그냥 'chaebol'(채볼)로 소리 나는 대로 쓰기로 한다. 그리고 그 '채볼'은 아들에게서 아들로 세습된다.

- 대기업 오너 혹은 재벌 가문의 친인척이 벤처기업의 주식을 사면 갑자기 주식 값이 오른다. 그것도 미친 듯이 오른다. 아무도 그 이유를 모르는 척 한다.

- 대통령 선거가 있을 때마다 재계는 정치권에 많은 돈을 정치자금으로 전달한다. 공식적인 후원금이 아니다. 대개는 사과 상자에 넣어서 지하 주차장 같은 곳을 이용해서 건네준다.

물론 좀 코믹하게 과장된 상상이지만, 만일 이런 일들이 진짜 벌어지는 나라가 있다면 그건 경제 독재 국가라고 해야 옳다.

경제 독재는 특권과 반칙을 낳는다

반독재 민주화 투쟁을 통해 그동안 한국 사회는 군사독재도 청산하고 정권 교체를 통해 문민정부도 이루어 왔다. 넥타이 부대도 최루탄 가스를 마시며 서울의 봄을 찾아오는 데 일조했고, 그들은 늘 선거 캠페인 전쟁에서 정권 교체와 인물 교체를 이뤄 냈다.

하지만 우리 사회에 아직도 '경제 독재'는 엄연한 현실이다. 그럼에도 불구하고 경제민주화를 외치는 운동가들은 어디에도 없다.

경제는 시장 원리에 의해 돌아간다. 시장은 기본적으로 사유재산의 배타적 권리 속에서 효용의 교환을 통해 배분하는 작동 원리를 갖는다. 이를 인정하는 것이, 우리가 싸우는 캠페인 전쟁이 일어나는 시장 지향적 민주주의라는 전장이다. 이런 사실을 부정하는 것이 아니다. 다만 유권자들은 경제라는 영역에 경제민주주의가 없다고 생각한다는 점을 말하고자 하는 것이다.

헌법 제119조를 눈여겨보자. 헌법 제119조 1항은, "대한민국의 경제 질서는 개인과 기업의 경제상의 자유와 창의를 존중함을 기본으로 한다."라고 규정하고, 2항에서 "국가는 균형 있는 국민경제의 성장 및 안정과 적정한 소득의 분배를 유지하고, 시장의 지배와 경제력의 남용을 방지하며, 경제주체 간의 조화를 통한 경제의 민주화를 위해 경제에 관한 규제와 조정을 할 수 있다."라고 천명하고 있다.

이런 헌법적 요구에도 불구하고, 유권자들이 보기에 대한민국의 경제 영역은 민주화된 경제가 아니다. 독재 정치 시절 유권자들은 개미처럼 일해서 지금의 대기업에 자본과 인력을 갖다 바쳤다. '갖다 바쳤다'고 해야 옳을 정도로 무작정 갖다 주었다. 대기업 대재벌 어느 누구도 개발독재 시대에 자신들의 자본으로 성장한 기업이 있었을 리 만무하다. 개발 독재 시절의 개발차관은 정부가 외국 은행에 보증을 서주며

얻어다 준 자본이고, 그들의 공장은 정부가 만들어 준 땅 위에 서있는 건물이다.

유권자들은 그런 재벌과 대기업이 오늘날 '경제 독재'를 이어가고 있다는 것에 분노한다. 아들·손자·며느리가 정당한 세금을 내고 부를 상속하는 것이 아니라 특권과 반칙으로 경제 권력을 세습한다고 생각한다. 경제가 민주화된 나라들에서는 아들·손자·며느리가 세금도 제대로 내지 않고 기업을 꿀꺽할 수 없을 거라 믿고 있다. 친기업적인 학자와 교수들이 나와서 뭐라고 떠들건, 유권자들의 인식은 바뀌지 않는다. 매 값을 뿌리며 사람도 때리고, 즐겁고 신나는 인생을 만끽하는 특권과 반칙의 경제 독재자들이라고 인식하고 있다.

오죽하면 이명박 대통령이 전경련 창립 50주년 기념행사에서, "시장이 진화해야 자유민주주의와 시장경제를 지킬 수 있다."고 했을까. 여기서 이명박 대통령이 진짜 말하고 싶었던 것은 시장의 진화가 아니라 경제민주화였을 것이다. 자유민주주의와 시장경제가 깨질 수도 있다는 우려가 어디 대통령 입에서 나와야 할 말인가 말이다. 아마도 경제 독재에 아슬아슬한 한계를 그들 모두 느끼고 있는 모양이다.

우리가 만난 유권자들은 경제 독재자들의 특권적 삶에 대해 이보다 훨씬 더 신랄하게 조소에 가까운 이야기를 했다. 그리고 묻는다. 왜 경제 독재에 저항하는 '민주화 투사'들은 없냐고. 그리고 또 그들은 대답도 같이 해주었다. "경제 독재에 저항하면 생기는 게 없으니까 민주화

투사들도 장사를 안 한다.”라고. 특권과 반칙은 정치권도 예외는 아니라고 믿는다. 민주당도 이런 비판에는 전혀 자유롭지 못하다.

경제 독재는 불공정한 사회를 만든다

『조선일보』가 ‘자본주의 4.0’의 실천적 대안을 주문한 전문가인 장하성 교수와 김난도 교수는 의도했든 안 했든 『조선일보』의 지면을 통해 ‘공정하지 않은 경제 생태계’를 비판하고 있다. 청년 세대는 취업난과 비정규직의 함정에 빠져 공정한 기회를 얻지 못하고 있다. 김난도 교수의 표현을 빌리면 ‘사회적 낙태자’라는 것이다. “자기의 의지와 관계없이 살해당하는 태아와 마찬가지로 사회에 나오지도 못한다.”라고 김난도 교수는 말한다. 『조선일보』의 지면에서 이 글을 읽는 순간 심장이 멎는 느낌이었다.

임금노동자의 절반이 비정규직이라는 현실은 상상하기 힘든 비정상 경제라고 장하성 교수는 지적하고 있다. 복지 정책만으로 이런 반칙이 해결되지는 않을 것이다.

자본가의 사회적 책임을 강조해 온 개혁적 경영학자인 장하성 교수는 이 문제를 이렇게 짚고 있다.

기득권을 깨야 한다. 보수라는 말이 기득권을 지키는 건 아니다. 기본적 가치와 문화를 유지 발전시키는 게 보수이지, 기득권을 지키는 게 보수가 아니다. 지금 좌파도, 우파도 기득권과 기득권이 없어 진입 못한 사람, 소외 계층과 기득권 계층으로 나뉘고 있다. 심지어 노동계도 그렇다. 기득권을 깨는 정부의 선택, 정치의 선택이 필요하다.

그는 또 말한다.

출발선에서 1등이었던 사람이 계속 1등인 경쟁은 의미가 없다. 자본주의에서는 자본의 힘이 가장 세다. 자본의 엄청난 힘은 자기 복제와 근친교배의 속성에 있다. 이런 속성을 그대로 놔두면 자본주의는 퇴화하고 사회 전체가 후퇴하게 된다. 국가는 이것을 막는 데 개입해야 한다.

맞는 말이다. 그러니 안철수의 말이 힘을 얻는다. '상식이 통하는 세상'을 만들고 싶다는 것이다. 이를 『조선일보』는 안보에는 보수적이고 경제에는 진보적이라고, 천진난만하다고 비웃고 있다. 하지만 냉철한 전략가라면 알아야 한다. 유권자들이 무엇을 인식하고 무엇에 분노하고 있는지.

경제민주화의 정치적 에너지

민주당 전략가들은 이제 진지하게 고민해야 할 것이다. 민주당이 승리할 수 있는 선거 전쟁터를 '경제 독재의 민주화'에서 찾을 것인가. 아니면 우리에게 익숙한 '복지'의 문제에서 찾을 것인가.

『조선일보』가 '천진난만'하다는 안철수 씨를 기억해야 한다. 안철수 씨는 천진난만한 사람일지는 몰라도, 천방지축은 아니고 바보 천치도 절대 아니다. 그는 직관이 발달해 있거나 영리하거나 시대를 읽는 통찰이 있다고 해야 옳다. 캠페인 전략의 언어로 표현하면, 안보에는 보수적인 생각이 유권자들의 중위수이고, 경제는 무언가 바뀌어야 한다고 믿는 유권자가 중위수 유권자라는 점을 직관적으로 아는 사람이라는 뜻이다. 그랬기에 50퍼센트 가까운 유권자가 움직였다고 해야 옳다. 그리고 그 바뀌어야 할 무언가는 바로 경제 독재가 민주화되는 일이라고 나는 믿는다.

어떤 바람이 태풍으로 발전하기 위해서는 열대성 저기압이 거대한 에너지원으로 응축되어 있어야 한다. 민주당과 정치권이 놓친 유권자들의 이런 불만이 거대한 열대성 저기압이라는 에너지를 응축하고 있었던 건 아닐까. 여기에 저기압과 고기압 구조가 얹혀져 타이밍과 밸런스가 맞으면, 바람이 태풍으로 바뀌면서 세상을 뒤흔들 수 있다. 오세훈 시장의 고기압과 곽노현 사태의 저기압은 이런 불안한 기압 구조를 정치적 태풍으로 만들어 주었을 것이다.

안철수 태풍은 정권 교체를 바라는 유권자 55.7퍼센트와 야권 단일 후보를 찍겠다는 유권자 42.2퍼센트를 각각 열대성 저기압 에너지원으로 해 만들어졌다. 이는 오세훈 시장과 곽노현 교육감 사태의 불안한 기압으로 만들어진 태풍이고, 거기에는 '안보에는 보수적이고 경제에는 진보적'인 에너지가 응축되어 있다.

단언하건데, 민주당이 이런 정치적 에너지를 놓쳐서는 더 이상 미래가 없다.

"바보야, 여전히 경제가 문제야"

민주당이 준비하는 선거에는 문제가 있다. 총선에는 대선 후보가 없고, 대선에는 경제 대통령 후보가 없다. 박근혜 후보가 경제 대통령 후보가 아니라서 다행이라고 안심하기에는 이르다. 한나라당은 집권 여당이고 그들 뒤에는 대기업과 잘사는 많은 유권자들이 단단한 지지 기반을 마련해 주고 있다.

복지는 경제 이슈와 다르다. 복지는 재분배의 이슈이지 경제 살리기 이슈와는 거리가 멀다. 우리 민주당이 경제 대통령을 과소평가한다면, 우리는 곧 이렇게 말하는 유권자들의 목소리를 듣게 될 것이다.

"바보야, 여전히 경제가 문제야!"

그렇다. 경제는 여전히 유권자들이 눈여겨볼 선거 전쟁의 좁은 전쟁터임에 틀림없다. 한국 선거 정치의 공포심은 더 이상 '안풍'에서 오지 않는다. 색깔론과 안보 위협은 '경제가 무너지는 공포'에 비하면 새 발의 피다. 그런데도 우리 민주당은 경제 대통령이 없다. 총선의 무대에 대선 후보가 있고 없고의 문제가 아니다. 유권자들이 민주당을 '불임 정당'이라고 부르는 순간, 민주당의 경제 대통령 후보도 그곳에는 없다.

경제민주화는 이럴 때 민주당의 최후의 보루가 될 수 있을 것이다. 경제민주화는 복지의 문제뿐만이 아니라 경제를 살리는 처방도 될 수 있다. 반칙과 특권이 없는 경제에서는 전문가 집단이 자신의 역량을 최대한 발휘할 수 있는 여건이 만들어진다. 경제 관료는 소신 있게 경제 정책을 펼칠 수 있다. 금융감독위원회도 공정거래위원회도 우리 경제의 거품과 때를 걷어 내고 닦아 낼 수 있다. 정경 유착의 폐해도, 비자금의 검은 돈도, 지하경제의 저효율도 사라질 것이다.

경제민주화는 우리가 미래로 가야 하는 다리를 건설하는 일이다. 복지 사회로 가는 다리도 경제민주화가 있어야 튼튼하게 지을 수 있다. 경제 독재 아래서 건전한 복지 사회가 어떻게 도래할 수 있단 말인가. 박근혜 후보는 생애 맞춤형 복지라는, 듣도 보도 못한 복지 천국을 약속하고 있다. 하지만 그녀도 경제민주화에 답해야 할 것이다. 경제 독재가 판치는 세상에 맞춤형 복지라니. 어떤 유권자가 이를 믿겠는가 말이다.

총선 후 민주당 대선 후보는 이런 구조 속에서 국민의 뜻에 따라 선출될 것이다. 민주당 빅 텐트인 범야권 속에서 벌어질 대선 후보들 간의 경쟁도 이런 경제민주화의 구조 속에서 벌어질 것이다. 경제민주화를 가장 잘 다룰 민주당의 대선 후보가 곧 경제 대통령 후보인 까닭도 이런 이유에서다.

검증해야 할 몇 가지 테스트

우리는 앞에서 민주당의 새로운 포지셔닝 전략은 유권자가 인식하는 것에서부터 시작해야 한다고 말했다. 민주당이 잘할 수 있을 거라고 유권자들이 믿는 바로 그곳이 바로 민주당이 시작해야 할 곳이다. 한나라당은 할 수 없는 일, 그곳에 민주당이 더 잘할 수 있는 영역이 만들어져야 한다. 그것이 민주당의 새로운 포지셔닝 전략이다.

가장 좋은 것은 가장 단순한 것이라는 금언을 기억하는가. 가장 좋은 포지셔닝 아이디어도 때로는 너무 단순하고 명백해서 지나치기 쉽다. 그래서 몇 가지 전략적 검증을 해보는 것도 도움이 될 듯하다.

① 경제 독재 철폐와 경제민주화는 민주당이 더 잘할 수 있는가

캠페인은 경쟁자 지향적이다. 최소한 민주당은 한나라당과 박근혜 후보보다는 이 문제에서 더 잘할 수 있다. 유권자들의 인식도 마찬가지다. 그래서 민주당은 더욱더 이 영역을 자신들의 것으로 만들어야 한다. 유권자들 인식의 사다리에 누구보다 먼저 첫 번째 가로대를 차지해야 옳다.

유권자들에게 민주당은 할 수 있고, 한나라당은 할 수 없는 일이 경제민주화라는 확신을 주어야 한다. 한나라당도 할 수 있는 일을 민주당이 더 잘할 수 있다고 주장하는 것은 좋은 포지셔닝 전략이 아니다.

② 야권 연대에 대한 유권자들의 지지를 얻을 수 있는가

누군가는 반드시 해야 할 일이지만 한나라당은 할 수 없는 일이라는 유권자들의 인식에 주목해야 한다. 경제 독재를 철폐하고 경제민주화를 달성하는 일이라면, 민주당이 무조건 잘할 수 있다고 생각하지는 않겠지만, 이 일을 하겠다고 뭉치는 야권 연대는 유권자들의 지지를 얻을 수 있다.

③ 경제민주화는 거울 효과를 갖고 있는가

메시지에는 거울 효과가 있다. 공정 사회라는 메시지는 이명박 대통령에게는 거울 효과가 너무 컸다. 마이너스 캠페인을 스스로 벌이는 것이나 마찬가지였을 정도다. 전두환 대통령의 정의 사회 구현도 거울 효과를 통해 스스로를 망치는 역효과였을 것이다.

진짜 거울 효과 메시지는 경쟁자에게 마이너스 효과를 줄 수 있는 메시지여야 한다. 이런 기준으로도 경제민주화는 매우 좋은 거울 효과를 갖고 있다. 박근혜 후보와 한나라당은 경제민주화라는 좁은 전쟁터에서 미러오퍼짓 효과에 시달릴 게 확실하다. 경제민주화의 거울 효과

는 경제 독재가 될 것이고, 한나라당과 박근혜 후보는 거울의 반대편에
서 있다.

④ 중위수 꺾기는 가능한가

다음으로 우리는 경제민주화에 대한 중위수 꺾기를 검토해 봐야 한다.
민주당이 성공적인 캠페인을 수행할 경우, 싫든 좋든 박근혜 후보는 경
제민주화라는 전쟁터에서 민주당과 싸우게 될 것이다. 그녀의 최우선
전략은 선거의 마지막 전투가 경제민주화라는 전쟁터에서 벌어지는
것을 피하는 것이겠지만, 피할 수 없을 경우도 미리 준비할 것이다. 하
지만 어떤 경우라도 박근혜 후보는 밀리는 전투를 할 수밖에 없다. 단,
민주당이 그 전에 경제민주화라는 영역에 먼저 들어가서 유권자들의
인식의 사다리 첫 번째 가로대를 차지할 수 있을 경우에만 그렇다.

경제민주화는 안보 중위수로 받쳐야 한다

경제민주화는 민주당에게 새로운 전쟁터를 제공해 줄 수 있다. 하지만
그곳에도 중위수는 존재한다. 경제민주화라는 선택 차원이 주어지면
유권자들은 자신들이 선호하는 줄자의 눈금으로 빠르게 이동한다. 유
권자 분포가 그려지고, 새로운 판이 형성된다. 시간이 흐르고 메시지가
날아든다. 이윽고 새로운 전쟁터에는 공포가 스며들 것이다. 판이 이동

하고 유권자들도 움직인다.

민주당의 전략가들은 이런 움직임 속에서 중위수를 찾아야 한다. 경제 독재를 말한다고 시장을 뒤집어 버리자는 건 아니다. 시장을 정치권력으로 통제하자는 주장도 한참 멀리 간 얘기일 수 있다. 세금도 없이 특권과 반칙을 통해 경제 권력이 세습되어서는 안 된다는 유권자가 있듯이, 부의 세습이야말로 시장이 존재하는 이유라고 강변하는 유권자들도 많을 것이다. 경제 독재가 자신들에게 더 이로울 수 있다고 생각하는 이기심도 있고, 기왕에 경제 독재를 반대할 거면 경제 평등까지 크게 요구하자는 좌파적 요구도 분명 있을 것이다.

하지만 우리는 좀 더 전략적일 필요가 있다. 경제민주화가 복지라는 이슈와 결합될 때 더욱더 조심해야 한다. 복지는 재분배의 성격을 띠고 있고, 경제민주화는 경제 독재를 타도하자는 발화성 물질이 가득한 곳이다. 경제민주화를 통해 특권과 반칙을 없애자는 것이지 시장을 없애자는 주장은 결코 아니지 않은가.

따라서 민주당은 안보 전쟁터에서 중위수에 다가서야 한다. 안보 영역에서는 좀 더 태도를 분명히 하고, 메시지는 단호하고 선명해야 한다. 안보에는 여야가 따로 있을 수 없다. 진보든 보수든 안보는 사회 공동체의 생존 전략에 관한 일이다. 노랑과 빨강을 섞는 애매한 단일화 전략은 더 이상 소용이 없다. 북한 체제의 독재성과 세습을 반대하지 않는 정치 세력과는 어떤 승리 연합도 시도해서는 안 된다. 우리가 살고 있는 정치경제 체제는 시장과 민주주의가 융합되어 돌아가는 시장 지향적 민주주의임을 인정하는 것이야말로 승리 연합의 출발점이 되어야 하는 것이다. 여기에 타협은 없다.

경제민주화라는 좁은 전투의 중위수에 대한 연구는 나와 우리 팀이 심혈을 기울이는 부분이다. 중위수 전략은 생각보다 쉽지 않은 캠페인 전략이다. 무엇보다 유권자 판을 정확히 그려 내고, 중위수 유권자들의 목소리를 담을 수 있는 조사가 선행되어야 한다.

지금도 이런 작업은 많은 전술적 고려 속에 진행되고 있다. 전술을 담는 전략이라는 원칙도 우리가 잊지 않는 원칙이다. 싱글몰트 메시지도, 거울 효과를 담는 슬로건도 지혜를 짜내며 많은 이들의 열정 속에 만들어지고 있다.

전략적 판단이 옳다면 가장 평범한 전술로도 승리할 수 있다는 믿음을 우리는 갖고 있다. 우리가 배우고 익혀 온 많은 캠페인 전쟁의 법칙들이 이런 모든 노력에 담겨 있을 것이다.

민주당 빅 텐트론

2012년에도 또 유권자들은 물을 것이다. 왜 굳이 진중권 전략이고, 정파 연합이고, 빅 텐트냐고. 민주당은 또 답할 것이다. 선거에 승리해서 정권 교체를 이루기 위해서라고. 하지만 불행히도 유권자들에게 더 이상 정권 교체는 절실한 그 무엇이 아니다.

선거는 누가 뭐래도 다수파를 형성하느냐에 따라 이기고 지는 게임이다. 최소 승리 연합이라는 말은 이런 선거의 속성을 직관적으로 이해시켜 주는 용어일 것이다. 이런 까닭에 이른바 야권의 '진중권' 집권 전략은 늘 선거를 앞둔 시점에 주목의 대상이 되어 왔다.

'진중권' 집권 전략은 전술적으로 단순 명쾌하다. 진보와 중도가 손잡고 함께 집권한다는 것이다. 캠페인 불변의 법칙인 "가운데로 달려가라."는 원칙에도 충실하고, 제3의 후보 문제도 근본적으로 해결할 수 있어서 좋다. 여기서 중도는 민주당이고, 진보는 민주노동당이나 진보신당이다. 이를 좀 더 연장하면 국민참여당과 기타 야권 세력이 연대하는 빅 텐트가 된다.

한 가지, 2012년 캠페인 전쟁에서 우리가 예측할 수 있는 것이 있다면 누가 뭐래도 총선과 대선이 민주당을 중심으로 치러질 것이라는 점이다. 현실적으로 전국적 조직을 갖춘 제1야당의 위치는 쉽게 만들어지거나 아무나 넘볼 수 있는 만만한 것이 아니다.

이런 까닭에 빅 텐트론은 '민주당 중심의 단결론'이라는 진보 세력의 반발을 가져오고, 빅 텐트가 쳐지는 조건은 늘 민주당의 소위 '좌 클릭'과 지분의 대폭적인 양보를 요구 받는다. 조국 교수는 『진보 집권 플랜』에서 민주당을 향해 '양손에 떡을 쥔 놀부처럼 행세하지 말 것'을 충고하고 있기도 하다.

하지만, 이런 '진중권' 집권 전략은 좀 더 정밀한 검증이 필요하다. 선거 전략의 수준을 넘어, 야권 단일 정당 건설과 정파 연합을 주장하는 거대 담론으로 빅 텐트론의 무게감이 점점 커지고 있다는 현실에 비춰 보더라도 더욱더 검증이 필요해진다.

더 이상 정권 교체만을 위해 단결할 순 없다

민주당은 10년간 집권 여당이었다. 그리고 재집권에 실패했다. 한나라당은 현재의 집권 여당이다. 그럼에도 민주당은 빅 텐트론을 얘기할 때, 정권 교체가 마치 총선과 대선의 목적이고 국민들로부터 이를 추인 받은 것처럼 행동해 왔다. 국민의 명령이라고도 말한다. 선거를 통한 정권 교체 그 자체가 국민의 명령인 적도 분명 있었다. 그때 김영삼은 3당 합당을 했다. 호랑이를 잡으려면 호랑이 굴로 들어가야 한다는 것이 그의 주장이었고, 국민들은 인정해 주었다.

김대중 또한 DJP연합을 했다. 반쪽짜리 문민정부를 한 쪽짜리 국민의 정부로 만들려면 JP와 연합을 해서라도 승리해야 한다고 했고, 국민들은 또 이를 인정해 주었다. 노무현도 정몽준과 손을 잡았다. 결과는 모호했지만 국민들은 어쨌든 민주당이 집권하는 게 옳다며 인정해 주었다. 그렇게 민주당은 10년 집권 여당을 했다.

한마디로 그때 그 모든 것들은 정권 교체를 위한 오른편 전략이었고, 유권자들도 그것이 정권 교체를 위한 전략적 행동인 줄 알고 있었다. 정권 교체는 오른편 전략도 용인해 줄 만큼 절실한 그 무엇이었던 것이다.

하지만 근래에 보여 주고 있는 민주당과 야권의 단일화는 전략적이지 않다. 오른편 전략은 더욱 아니다. 무엇보다 야권 단일화는 자중지란의 분열을 봉합하는 성격이 강하다.

국민들은 묻는다. 왜 굳이 선거 때만 되면 단일화에 목을 매느냐고. 민주당은 답한다. 선거에 승리하기 위해서라고. 2012년에도 유권자들은 물을 것이다. 왜 굳이 진중권 전략이고, 정파 연합이고, 빅 텐트냐고. 민주당은 또 답할 것이다. 선거에 승리해서 정권 교체를 이루기 위해서라고. 하지만 불행히도 유권자들에게 더 이상 정권 교체는 절실한 그 무엇이 아니다.

유권자들은 이미 민주당에게도 한나라당에게도 정권 교체를 만들어 주었다. 정권 교체 그 자체가 목적인 선거 정치는 이제 거리 어디에도 없다. 민주당만이 그렇다고 믿고 있을 뿐이다.

이제 유권자들은 정권 교체 대신 변화를 원한다. 바꿔야 한다고 말한다. 정권 교체를 말하는 게 절대 아니다. 변화는 민주당도 필요하고, 바꿔야 할 건 민주당에도 많다.

빨강과 노랑을 섞는 왼쪽 전략

3김 시대에 전통적 야당은 확고한 지역적 기반과 함께 도덕적 우위를 갖고 있었다. 언론 환경도 그다지 나쁘지 않았다. 나날이 성장하던 재야 운동 진영이 늘 우군이 되어 주었다. 카리스마를 갖춘 강력한 리더십은 그 자체가 문제이기는 했어도 위기 국면에서는 최후의 보루를 치는 구심점이 되기도 한다. 하지만 지금 야권에는 이 모든 것이 빠져 있다.

민주주의라는 가치를 빼면 야권은 이념적 중도층을 흡수할 만한 새로운 어젠다를 내놓지 못하고 있다. 진보층을 끌고 갈 만한 정치 리더십도 제시하지 못하기는 마찬가지다. 이런 조건에서 야권이 캠페인에서 전가의 보도처럼 사용하고 있는 전술은 다수파를 확보하기 위한 연대와 통합, 즉 연합뿐이었다. 그래서 순천을 양보해 진보와 연대하고, 분당에 당대표를 내보내 중도에게 다가가고자 했다. 보수를 이기기 위해, 진보와 중도를 묶어 권력을 쟁취하자는 진중권 정치를 추구했던 것이다.

말처럼 쉬운 일은 아니지만, 야권 연대의 측면에서 보면 이런 식의 연합은 한나라당에 대항하기 위한 왼쪽 편 전략에서는 실천 가능한 측면이 있다.

- 민주당은 중도를 표방하고, 중도 그룹을 묶는다.
- 진보 정당은 서민 노동 계층을 흡수한다.
- 복지와 같은 진보적 가치를 끼워 넣는다.
- 진보는 중도적 구조를 인정한다.
- 민주당과 진보 정당의 선거 연합을 일상화한다.
- 총선과 대선 같은 큰 선거에서는 연정의 수준으로 확대한다.

하지만 이런 연대와 연합, 더 나아가 연정의 실현 가능성은 그다지 밝아 보이지 않는다. 설령 빅 텐트에 모여 연합과 연정을 이루었다고 한들, 선거 캠페인에 도움은 고사하고 마이너스 효과를 가져온다면 그 결과는 참혹하다. 캠페인 전략가들이 고심해야 할 부분도 바로 여기에 있다.

무엇보다 연대의 과정에서 노출될 분열의 마이너스 여파가 너무 심대하다. 가뜩이나 민주당은 '수권이 불안한 정당'이라는 전쟁터를 피해 가기 힘든 상황에서, 자칫 연대에 실패할 경우 그 리스크가 너무 크다는 문제도 간과하기 어려운 부분이다. 결과가 보장되지 않는 연대 과정을 도외시한 채 야권 단일화에 선거의 판세를 걸기에는 2012년의 선거가 너무 크고 무겁다.

더 나아가 안보라는 차원에서 민주당은 결정적인 약점을 안고 가야 한다. 민주당은 『조선일보』의 지적에 한번 더 귀 기울일 필요가 있다. 안보에는 보수적이고 경제에는 진보적인 안철수 씨가 박근혜 대세론도 휘청거리게 했다는 그들의 분석에는 국민의 목소리가 담겨져 있다. 민주당의 전략가들이라면 놓치지 않고 주목해야 할 통찰이다. 수권이 불안한데 안보까지 불안한 정당이라고 하면, 박근혜 후보를 이기기에는 무리가 있다.

빅 텐트에도 포지셔닝이 필요하다

민주당은 지금도 그렇고 2012년 선거 캠페인 전쟁에서도 빅 텐트임에 틀림없다. 여권의 빅 텐트는 한나라당이라는 사실만큼이나 분명한 사실이다. 그런데도 우리는 캠페인의 경쟁자인 한나라당에 대항하기 위한 빅 텐트를 치지 못했다. 무엇보다 무얼 위한 빅 텐트인지 유권자들은 모르겠다고 한다.

야권 연대에는 노선의 문제가 커다란 암초로 작용한다. 이를테면 진보신당이 민주당에게 선거 연합의 전제로 요구했던 진보적 의제는 그 자체가 상당히 급진적이다. 노동시장의 유연화 반대, 한미 FTA 저지, 고교 및 대학 평준화, 무상 의료 확대, 대선 결선투표제, 국회의원 선거 비례대표제 전면 도입 등이다.

진보신당은 이런 의제와 함께 과거 집권 당시의 정책에 대한 반성을 요구했다. 집권하는 동안 서민 노동자층의 고용 안정과 소득 증대, 복지 강화 등에서 만족할 만한 성과를 이루지 못해 그들로부터 버림받았다는 것이다.

정책 실패에 대한 반성은 누가 요구해서가 아니라 집권에 실패한 정당이라면 누구라도 먼저 반성하고 심기일전할 일이다. 하지만 급진적 의제에 동의하라는 요구에는 무리가 있다.

이 밖에도 야권의 선거 연합에는 정서적 암초도 있다. 민주당과 국민참여당, 그리고 민주노동당과 진보신당 간의 문제는 정서적 앙금이다. 좌우의 날개로 멀리 날아가자는 논리가 무색할 정도의 앙금이 있다.

이런 구조 속에 최근에는 정파 등록제가 거론된다. 용어가 생소하지만, 정리하면 이렇다.

정당이 통합을 하되, 기존 정당의 이념·정책·가치 등을 계약의 형태로 보장하자는 것이다. 물론 계약의 목적물은 각 세력의 지분이 될 것이다. 공동대표를 두거나 대의 기구를 지분에 따라 구성하고, 당헌

당규에 규정할 수도 있을 것이다. 하지만 소선거구제를 채택하고 있는 우리나라 선거에서는 정치적 지분에 따른 공직 선거 후보 추천에 이해관계가 얽혀 있어 정치적 지분은 지역구 나눠 먹기의 난전으로 흐르게 될 것이다. 후보자 추천의 상향식 민주화, 국민 참여 경선, 공정한 추천 등 민주당의 가치는 또 어쩌란 말인가.

상황이 이러한데도 민주당은 줄기차게 야권 후보 단일화를 부르짖는다. 유권자들의 눈으로 캠페인을 바라보지 못하는 까닭이다. 지역구 선거처럼 작은 선거라면 모를까 2012년의 큰 선거에서는 어림도 없는 일이다.

민주당의 빅 텐트는 분명한 색깔이 있어야 한다. 노랑과 빨강을 섞는 방법은 더 이상 전략적이지 않다. 야권 통합이라는 과제도 선거에 이기기 위한 정치 세력의 이합집산이 아니라, 민주당의 새로운 가치 어젠다인 '경제민주화'를 중심으로 통합되어야 한다.

시민사회 세력은 '경제민주화'를 위한 빅 텐트에 합류할 최대의 세력이 될 것이다. 이런 포지셔닝 전략을 통해 민주당은 빅 텐트의 외연을 확대할 기회를 새로이 얻을 수 있다.

중도 우파 세력도 민주당의 새로운 포지셔닝에 동조하거나 동참할 수 있는 세력이 있을 수 있다. 영역이 바뀌면 외연은 확장되고, 빅 텐트의 역할도 선명해질 것이다.

| 제10장 |

또 다른 필승 전략 : 지역 승리 연합

한국 정치 지형을 가르는 지역 축은 아직 굳건한데도, 민주당은 지역을 바탕으로 한 최소 승리 연합을 얘기하는 전략이 없다.

최소 승리 연합은 강력한 캠페인 전쟁의 전략이다. 세상의 모든 전쟁은 합종연횡을 통해 승패가 갈리는 게 정석이다. 모든 전투를 승리해야 이기는 전쟁은 없다. 초한지도, 삼국지도, 전국시대도 대부분의 전쟁은 승리 연합을 통해 싸우지 않고 이겼다.

선거 캠페인 전쟁에서도 승리 연합은 대세에 결정적 영향을 미친다. 좁은 전쟁터만큼이나 유권자들은 특정 직업·계급·지역에 따른 사적 재화 끼워 넣기에 쉽게 움직인다. 클럽 이론이나 담합, '발로 뛰는 선거' 이론의 연구 결과가 잘 보여 주듯이, 유권자들이 이런 거래에 집단적으로 움직이는 경향은 더 이상 선거 전쟁의 비밀이 아니다. 어느 나라를 막론하고 최소 승리 연합의 이해득실은 민주론적 규범론을 훨씬 뛰어넘을 만큼 강력하다.

지역 연합은 필승의 전략이다

민주당의 야권 단일화 전략은 늘 왼편 전략이다. 최소 승리 연합의 외연을 넓히는 오른편 전략은 아니다. 노랑과 빨강을 섞는 전략은 계급 계층적 연대를 의미한다. 수직축의 연대이다. 한국 정치 지형을 가르는 지역 축은 아직 굳건한데도, 민주당은 지역을 바탕으로 한 최소 승리 연합을 얘기하는 전략이 없다.

이념을 축으로 존립하는 진보는 언제나 민주당의 지역 기반을 비판해 왔다. 그건 그것대로, 이념의 지지 기반을 확대하려는 진보의 전략적 선택일 것이다. 국민참여당은 민주당의 지역성을 노골적으로 비판한다. 그들이 비판하는 것은 호남 지지 기반이다. 하지만 침소봉대일 뿐이다. 한나라당은 경상도에서 늘 홈 타운 보이의 지위를 누린다. 진보는 그런 지역 기반의 정당이 망국병이라고 믿고 있다. 그래서 그들은 계급과 특정 직업을 기반으로 지지 기반을 확대한다. 따지고 보면 그것도 그들이 만드는 최소 승리 연합에 다름 아니다.

야권 후보 단일화는 어떤 면에서 다수파 만들기를 통해 선거에 이기자는 노골적인 승리 연합이라고 해야 옳다. 다수 연합의 핵심은 유권자 층의 결집을 전제로 한다. 그것은 성, 계층, 세대, 소득 및 교육 수준 등으로 나누어진 집단의 다양한 조합을 통해 가능할 수 있다. 이 조합의 공식을 발견하면 다수파가 될 수 있고, 집권하게 된다. 당연히 이 조합의 공식을 찾아내는 게 정당의 사활적 과제이다.

야권 단일화에 관한 한, 이런 논리에 이의를 제기하는 사람은 없다. 하지만 민주당은 지역 승리 연합에 대해서는 눈을 감는다. 지역주의에 의존하는 정당이라는 비판이 두려워서일 것이다. 하지만 이런 패배주의야말로 전략적이지 못한 태도일 뿐이다. 지역 기반의 최소 승리 연합이 어째서 늘 담합과 뒷거래의 수준을 벗어나지 못해야 하는가 말이다. 왜 좀 더 상상력 넘치는 전략을 고민하지 않는지, 안타까울 따름이다.

지역 연합 전략 : 민주당 집권 벨트웨이

민주당에게는 지역 연합을 위한 전략이 필요하다. 민주당이 호남당이라고 폄훼 받으면 받을수록 우리에게는 더욱 지역 전략이 필요하다. 하지만 특정 지역을 호남 지지 기반과 묶는 승리 연합은 더 이상 민주당의 선거 전략에 맞지 않는다. 거울 효과의 불이익도 감수해야 하는 마이너스 전략이 될 수도 있다.

민주당의 지역 전략은 노무현 전 대통령에게 한 수 배울 필요가 있다. 수도 이전과 주요 공공 기관의 지역 분산은 캠페인 전략가들의 상상력을 크게 자극하는 면이 있다. 한나라당 박근혜 후보는 대구 경북 지역의 절대적인 지지를 등에 업은 보수 우파 대선 후보라는 이미지가 있다. 유권자들의 인식도 그렇다.

한나라당은 수도 이전과 공공 기관 지방 분산에 대해 강한 반대 입장에 서있는 당이다. 보수 우파는 수도 이전에 대통령 탄핵을 동원할 정도의 극단적인 반대 입장을 갖고 있다. 이명박 대통령과 현재의 정권도 권력의 지방 분산을 반대하는 입장이다. 한나라당이 내세우는 행정의 효율 뒤에는 특권과 경제 독재의 권력 집중이 숨어 있다.

① 경제민주화는 경제 권력의 지역 분산을 포함하는 개념이어야 한다

민주당은 경제민주화를 통해 한나라당의 지역 전략을 재포지셔닝할 수 있을 것이다. 박근혜 후보가 수도 이전이나 세종시 문제에 대해 한 발 물러서 있는 것은 선거를 고려한 영리한 전략이다. 이명박 정부와 한나라당의 입장과는 차별화하지만, 기득권 세력에는 애매모호한 태도로 이것도 저것도 아닌 모습을 연출하고 있다. 물론 계산된 연출이다.

문제는 민주당이 이런 박근혜의 계산된 연출에 적절히 대응하지 못하고 있다는 것이다. 그녀가 애매모호한 태도를 유지할 수 없도록 재포지셔닝해야 한다.

이 문제에서 박근혜 후보를 재포지셔닝하는 가장 효과적인 전략은 경제민주화를 지방분권과 연계시키는 것이다. 경제 독재는 경제 권력의 지방 분산을 원하지 않는다. 박근혜는 이런 경제 독재 세력을 지원하는 정치 세력이다. 한나라당과 대선 후보 박근혜는 이 문제에 대해 거울 효과를 갖고 있다. 경제민주화를 지역 분권과 묶는 순간, 박근혜는 더 이상 지역 연합의 수혜자가 아니다.

기억하라. 레녹스 도자기는 영국산 도자기가 아니라는 재포지셔닝 전략 하나로 로열 다울턴은 6퍼센트의 시장 점유율을 일거에 획득할 수 있었다는 사실을. 우리 민주당은 박근혜 후보를 더 이상 한나라당으로부터 떨어져 있게 해서는 안 된다.

민주당이 승리하는 것이 경제민주화를 달성하는 일이며 지방 경제도 살 수 있는 길임을 유권자에게 인식시켜야만 한다. 이런 면에서 DJP연합이나 노무현 대통령의 수도 이전과 같은 캠페인 전략은 '민주당 집권 벨트웨이'로 한 단계 업그레이드될 필요가 있다.

② 민주당 집권 벨트웨이 구축

- 충남 도지사, 경남 도지사, 인천시장, 강원 도지사, 전남북 도지사를 연결하는 집권 벨트웨이를 구성.
- 경제민주화에 경제 권력의 지역 분산 포함.
- "경제 원탁회의"를 통해 집권 벨트웨이 요구 사항 입법 추진.
- 노무현 대통령 참여정부 〈지방분권특별법〉 벤치마킹.

이런 민주당의 전략은 특정 지역과 나눠 먹기식의 승리 연합을 배제하는 이점이 있고, 현재 지역 집권에 성공한 민주당의 시도지사들을 중앙 정치에 합류시키는 기회도 만들 수 있다. 그리고 민주당 빅 텐트의 넉넉한 공간을 제공해 줄 것이다. 이로써 '붙임 정당'이라는 민주당의 오명도, 리더십 부재에 대한 유권자들의 비판도 극복할 수 있는 기회가 만들어질 수 있다.

노무현 대통령의 정치적 유산인 '지역 분권론'은 이렇게 새로운 어젠다 '경제민주화'를 통해, 안희정 충남도지사, 김두관 경남도지사, 송영길 인천시장, 이광재 전 강원도지사를 통해 한층 더 업그레이드될 수 있다. 여기에 민주당의 오랜 정치적 기반인 호남이 합류함으로써 승리 연합을 위한 지역 전략이 완성된다.

경제 독재는 소수의 권력 집단과 특권과 반칙이라는 폐해를 낳는다. 정치권력만 남용되는 것이 아니다. 경제 권력도 남용되고, 수도권 집중도 국토의 균형 발전을 막는 폐해를 낳는다. 민주당의 승리 연합은 이 모든 것 위에 수립되어야 할 전략일 것이다.

그네를 타는 유권자들 : 충남을 주목하라

민주당의 지역 승리 연합과 관련해 꼭 짚고 넘어가야 할 문제가 있다. 바로 2012년에 그네를 탈 유권자 군이다. 스윙 보터스로 불리는 강한 경향성을 띤 유권자 군인데, 자유선진당과 이회창 후보가 정치 일선에서 퇴장하면 생기게 될 바로 그 유권자 군이다. 김대중 후보에게는 5백만 표에 달하는 '정주영 표'라는 그네를 타는 유권자 군이 있었다. 김대중 후보의 전략가들은 이 유권자 군에 주목해 캠페인 전략을 수립하기 시작했고, '경제 대통령'이라는 영역을 발굴하고 나서야 '준비된 대통령'이라는 포지셔닝 전략을 완성할 수 있었다.

이번 2012년 선거에서는 자유선진당과 이회창 후보가 정치 일선에서 퇴출될 가능성이 매우 높다. 6백만 표에 이르는 엄청난 수의 유권자 군이 그네를 타게 될지도 모른다. 따라서 민주당은 이 스윙 보터스를 면밀히 분석하고 관찰해야 한다. '정주영 표'와는 다른 몇 가지 경향성이 있지만, 지역성이 아마 중요한 인력 중 하나일 것이다. 직접적으로 말하면, 충청도를 기반으로 한 캐스팅보트 역할론이 이회창 후보를 지지하던 그룹의 지역 경향성이다.

그 밖의 다른 경향성은 잘 알려진 대로 보수적이고 우파적인 이념성을 갖고 있다. 충청도와 보수 우파적인 경향성. 이 둘을 결합해 놓고 보면, 2012년 '그네를 타게 될지도 모르는 이회창 표'는 박근혜 후보와 그녀의 전략가들에게는 그야말로 황금 어장과 같다.

충청도에는 육영수 여사의 고향인 옥천이 있다. 박근혜는 한나라당 보수 우파의 거센 반발에도 일정 부분 수도 이전과 세종시 문제에 한나라당과는 거리를 두어 왔다. 그녀의 정치적 직감은 충청도 선거가 그녀의 운명을 가를 수도 있다는 것을 간파했는지도 모른다. 이유야 어쨌든, 박근혜 후보는 6백만 표의 스윙 보터스를 눈앞에 두고 있다. 누구보다 가장 유리한 입장에 서있다고 생각할 것이다. 기왕이면 6백만 표 전체가 그네를 타듯 자신에게 와주길 열망할 것이다.

충청도는 역대 선거에서 승리를 결정짓는 레버리지 역할을 톡톡히 수행해 왔다. 어떤 면에서 충청도 유권자들은 전략적 투표에 익숙하거나 경험이 풍부한 유권자 군이라고 해도 좋을 정도다. 한나라당에 대한 반감은 크지만, 박근혜 후보라면 다르다. 그녀는 지역 승리 연합이 얼마나 파괴적이고 중요한지 잘 알고 있는 듯 보이고, '이회창 표'가 스윙 보터스가 될 거라는 것도 잘 알고 있는 듯하다. 선거의 여왕답게, 캠페인에서는 충분히 영리하다. 그리고 박근혜 후보가 2012년에 이 그네를 탈 확률이 현재로서는 민주당보다 훨씬 더 높아 보인다. 이제 민주당 전략가들은 어찌할 것인가.

안희정과 박근혜

다행히 우리에게는 안희정 충청도지사가 있다. 그리고 대선에 앞서 총선이 먼저 치러진다. 나는 이 부분에 민주당의 스윙 보터스 전략이 시작되는 지점이 있다고 본다. 누가 뭐래도 안희정 지사는 총선을 전쟁터로 박근혜 후보와 맞설 전위가 될 것임에 틀림없다. 민주당 차세대 지도자 가운데 한 사람인 그가 박근혜 한나라당 대선 후보와 맞붙게 될 충청도 선거는 이번 총선의 하이라이트가 될 것이다. 일반 유권자들의 관전 포인트는 다른 곳에 있을지라도, 민주당 전략가들의 촉각은 이곳에 집중해야 한다.

지금 민주당도 진보 세력은 물론 시민사회 세력을 묶는 반한나라당 연합 전선을 구축하고 있다. 거기에 동참하려는 유권자들의 신념과 열정도 넘친다. 안철수 씨를 15분 만에 태풍으로 만든 저기압 에너지도 응축되어 있다. 왜 그럴까. 민주당이 좋아서만은 아니다. 아직까지는 한나라당이 한국 사회의 구체제를 대표하기 때문이다. 수구 세력의 농간에 의해 움직여 온 낡은 관행을 근절시키려는 것 즉, 적은 한나라당이나 박근혜가 아니고, 그 곁에서 살아남으려고 하는, 악정·악폐·권위와 같은 거대한 야수이기 때문이다.

민주당의 차세대 지도자는 여럿이다. 이들은 2012년과 2017년을 거쳐 한국 정치를 풍요롭게 할 것이고, 민주당의 리더십과 지역 기반의 확대에도 커다란 기여를 할 게 분명하다. 다만, 특별히 안희정 지사의 역할에 주목하는 이유는 '이회창 표'라는 스윙 보터스의 존재에 있다. 박근혜 후보가 그네를 탈 것인가, 민주당이 그네를 탈 것인가. 거기에 안희정 지사의 전략적 위치가 드러나 있기 때문이다.

많은 민주당의 전략가들이 스윙 보터스 전략에 대해 고민하고 있다는 점은 틀림없다. 나와 우리 팀도 이 부분에 관한 광범위한 조사와 전략 수립을 고민해 왔다. 우리가 배운 캠페인 전략의 모든 이론과 도구를 스윙 보터스 전략에 대입하고 검증해 왔다. 그만큼 그네를 타는 유권자군은 무서운 파괴력을 갖는 존재다. 박근혜 후보와 민주당의 선거 전쟁은 그렇게 충청도에서도 격렬하게 맞부딪치게 될 것이다.

제11장

민주당 재집권 프로그램 요약

> 1. 민주당만의 좁은 전쟁터를 만들어야 한다.
> 2. 경제민주화라는 새로운 영역에서는 민주당이 중위수다.
> 3. 민주당의 좁은 전쟁터가 만들어지면 가운데로 달려가라.
> 4. 민주당은 지역 승리 연합에도 충실해야 한다.
> 5. 민주당의 빅 텐트론도 재포지셔닝해야 한다.
> 6. 흑색선전은 옳지 않지만 마이너스 캠페인은 필요하다.

1. 민주당만의 좁은 전쟁터를 만들어야 한다

- 선거는 광범위한 전쟁터가 아니다.
- 선거의 현실은 유권자들의 인식이고, 그것은 밖에 있는 것이 아니라 유권자들의 마인드에 있다. 안에서 밖을 보라.
- 한나라당이 할 수 없는 일 중에 민주당이 할 수 있는 영역이 민주당의 좁은 전쟁터가 되도록 만들어야 한다.
- 현재의 선거 이슈를 살펴봐야 한다.
  - 복지라는 전쟁터는 박근혜의 중위수 꺾기에 취약하다.

- 보편적 복지와 생애 맞춤형 복지

- 민주당에는 복지 이슈라는 국가 어젠다를 다룰 대선 후보가 없다.

- 복지는 이미 선거의 이슈이다. 찬반의 문제에서 우열의 문제로 변질되었다.

● 변화라는 전쟁터는 민주당에게 마이너스 거울 효과가 크다.

- 변화는 민주당이 취약하다.

- 정권 교체와는 다른 영역이라고 유권자들이 인식한다.

● 정권 교체라는 전쟁터는 수권 능력이라는 전쟁터와 부딪친다.

- 민주당은 불임 정당, 수권이 불안한 정당이다.

- 박근혜의 좁은 전쟁터인 수권 능력에 취약하다.

- 야권 단일화는 정권 교체의 당위가 아니다.

■ 경제민주화라는 좁은 전쟁터를 선점해야 한다.

● 경제민주화의 거울 효과는 경제 독재이다.

● 박근혜 후보를 특권과 경제 독재로 재포지셔닝할 수 있다.

● 빅 텐트 전략도 새로운 영역을 재포지셔닝하라.

● 시민사회 세력의 활동 공간을 만들어 준다.

● 지역 승리 연합의 외연을 확장해 줄 수 있다.

- 경제 권력의 지역 분산은 경제민주화의 실천이다.

- 한나라당의 특권 경제는 경제 권력의 독점에서 온다.

- 한나라당의 수도 이전 반대는 경제 독재에 기인한다.

2. 경제민주화라는 새로운 영역에서는 민주당이 중위수다

● 2012년 대선에서도 경제는 빠질 수 없는 화두다.

- 우리에게는 대선 후보도 없지만, 경제 대통령 후보도 없다.

- 박근혜 후보도 경제 대통령 후보는 아니다.

- 그렇다고 경제 이슈가 없어지지는 않는다.

- '바보야, 여전히 경제가 문제야'라는 유권자의 목소리가 들릴 것이다.

● 경제민주화에도 중위수는 있다.

- 지나친 좌파적 주장은 경제민주화를 망친다.

- 경제민주화는 시장을 더 풍요롭게 한다.

- 특권과 반칙 없는 시장 원칙은 보호해야 한다.

● 안보에서의 중위수를 지켜야만 한다.

- 북한의 인권과 세습 정치는 반대해야 한다.

- 안보는 보수적이어도 좋다.

● 지역 승리 연합은 특정 지역을 위한 것이 아니어야 한다.

3. 민주당의 좁은 전쟁터가 만들어지면 가운데로 달려가라

● 제3의 후보 전략은 노랑과 빨강을 섞는 전략이 아니다.

● 안보 중위수를 부정하는 제3의 후보는 연합의 대상이 아니다.

● 제3의 후보 전략은 경제민주화라는 새로운 전쟁터에서 살펴야 한다.

● 시민 정치 세력은 경제민주화의 지원 세력이다.

● 중위수를 벗어나 왼쪽으로 기울면 새로운 전쟁터는 재앙이 된다.

● 경제민주화의 중위수에 관한 매뉴얼을 만들어야 한다.

- 모든 당원과 지지자는 같은 목소리를 내야 한다.

- 경제민주화는 우리 모두에게 낯설다.

- 새로운 영역의 각인 효과를 최대한 활용해야 한다.

4. 민주당은 지역 승리 연합에도 충실해야 한다

- 지역 정치는 현실이다.
- 유권자의 마인드에는 지역이라는 인식이 들어 있다.
- 특정 지역과의 승리 연합은 더 이상 유효하지 않다.
- 민주당의 집권 벨트웨이는 지역 연합의 대체재가 될 수 있다.
- 2012 선거의 스윙 보터스에도 지역 연합의 함의가 들어 있다.
  - '이회창 표'의 그네 타기에 대비해야 한다.
  - 충청도의 총선은 민주당 전략가들의 과제다.

5. 민주당의 빅 텐트론도 재포지셔닝해야 한다

- 정권 교체만을 위한 야권 연대는 더 이상 설득력이 없다.
- 빅 텐트론은 노랑과 빨강이 섞이는 이합집산일 수 없다.
- 시민사회 세력은 민주당의 빅 텐트를 넓혀 준다.
- 경제민주화라는 새로운 가치를 중심으로 빅 텐트를 쳐야 한다.

6. 흑색선전은 옳지 않지만 마이너스 캠페인은 필요하다

- 상대방 후보가 돼서는 안 되는 이유가 있어야 한다.
  - 흑색선전이 아니라 유권자들에게 정보를 주어야 한다.
- 거울 효과 메시지는 마이너스 캠페인의 꽃이다.
- 네거티브 캠페인 팀은 분리되어 운용되는 게 맞다.
- 마이너스 캠페인은 거울 효과를 충분히 고려하라.

김 PD, 민주당을 부탁해

모든 것은 2010년 12월 31일 아침에 일어났다. 바로 전날 한나라당 예산안 날치기를 규탄하는 20일간의 '노숙 투쟁'를 끝내고 여의도 의원 회관에서 콧물을 훌쩍이며 시무룩하게 앉아 있었던 바로 그때 말이다.

맙소사, 이런 혹한에 풍찬노숙이라니! 하지만, 이런 말을 해서 좀 그렇긴 해도, 생계형 투쟁 같은 절실함이 먹히는 면도 좀 있는 게 사실이다. 박근혜 후보도 천막 당사라는 생계형 투쟁으로 점수를 따지 않았었나 말이다. 그해 겨울은 몹시도 추웠는데, 기상청의 통계 수치를 떠나 그저 추웠다. 나도 그랬고, 우리 민주당도 그랬다. '풍찬노숙', '혹한 정치', '노숙 투쟁' ……. 듣기만 해도 얼마나 민주당의 겨울이 추웠는지 알 만하지 않은가.

바로 그날, 〈오마이뉴스〉 기사를 보다가 여론조사 하나가 눈에 띄었다. 한나라당 35.4퍼센트, 민주당 19.3퍼센트, 박근혜 25.1퍼센트, 손학규 4.8퍼센트, 유시민 8.4퍼센트. 뭔가에 한방 얻어맞은 기분이었다.

확실히 그때는 뭔가 달랐다. 보통 때 같으면, 그건 그냥 익숙한 숫자에 지나지 않았을 터였다. '안전띠 미착용자 사망률 41퍼센트', 그럼 안전띠 착용자는 사망률 59퍼센트냐, 이런 시시한 농담이나 던졌을까. 그래서 뭐 어쩌라구. 그러면 그만이었을 것이다. 하지만 그날은 왠지 먹먹한 기분이 들었다. 흠뻑 물먹은 솜이불 같은 먹먹함. 아무래도 칼바람 몰아치던 서울역 광장의 '노숙 투쟁'이 나를 조바심치게 만들었던 건 아닌지 모르겠다. 2011년 새해가 시작되고, 4월 재보선은 코앞에 다가와 있고, 2012년 4월 총선과 12월 대선은 아득한 점과 점으로 연결돼서 그날 밤 송구영신의 밤에 가늘고 길게 내 손 끝에 걸려 있는 기분이었으니까.

신년 벽두부터 참모진 회의를 소집했다. 그렇게 시작된 일이 선거 정치를 배우고 익히는 일과 2012년 민주당 집권 프로그램을 작성하는 작업으로 이어져 오게 된 것이다. 그런 과정 속에 고기석 박사를 만난 건 운이 좋았던 일이다. 이론과 현장 경험을 두루 갖춘 좋은 선생을 찾는다는 게 어디 말처럼 쉬운 일이겠느냐 말이다. 딱히 뭐라 꼬집어 판단하기 어려운 점은 있지만, 선거 캠페인을 유쾌한 민주주의 모의 전쟁 정도로 여기는 위화감이 그에게는 있다. 야권 연대를 단칼에 민주당의 상상력 부족한 3색 신호등 전략이라고 뭉개 버릴 땐 위화감이 적대감으로 확 바뀔 정도였다.

나라면 민주당의 야권 연대를 3색 신호등 캠페인으로 만들어 버릴 텐데 말이
죠. 한나라당은 푸른색, 창천항로, '가시오.'
민주당은 노란색 '기다리시오', 민주노동당은 빨강색 '서시오.' 노란색과 빨강색
이 뒤섞인 야권 연대는 교통사고 연대지 뭐.

그러고 나서 그는 눈길을 교차로의 신호등으로 돌리고 슬쩍 쳐다보
고 있는 거다. 얄미운 놈. 1초도 안 되는 사이에 민주당의 집권 프로그
램을 물 먹이고 있네. 나도 뭐라고 한방 먹이고 싶은데, 2초만 주어지
면 말이지. 하지만 늘 그 2초가 문제란 말이지.

그런 고기석 박사는 만난 지 얼마 안돼서 정치인 김부겸을 이렇게
정리해 버리기도 했다.

김부겸. 3선 국회의원, 대구 출생, 경북고등학교와 서울대 정치학과 졸업. 긴급
조치 세대. 당연히 수배와 복역을 거쳐 정치에 입문. 제정구라는 시대의 아이
콘에게 사사한 뜨거운 사나이. 한나라당을 탈당하고 건너온 출신 성분으로, 열
린우리당을 창당한 원년 멤버임에도 불구하고 늘 왕따 콤플렉스에 시달리는
할 말 많은 열혈남. 이선실이라는 생활형 간첩을 이웃에 둔 죄로 억울한 감옥
살이를 하고 색깔론에 알레르기 반응을 보이는 반공 진보(?) 정치인. 중학교,
고등학교, 대학교 뭐든 한 번에 붙진 못하지만 그렇다고 안 되지도 않는 질긴
사나이. 정치적 능력은 몰라도 사람들과 잘 어울리는 마당발 스타일. 누구든
한번 같이 일하면 끝까지 가는 돌쇠형. 한마디로 보자기 같은 사람. 조조 같은
멋진 그릇은 아니지만, 뭐든 어떻게 생겨 먹었든 닥치는 대로 담고 싸맬 수 있

는 보자기형 인간. 별자리는 염소자리, 혈액형은 A형이니까 신중하고 강인한 의지의 소유자. 어울리는 직업은. …… 딱 PD감이네 뭐.

그러고는 이렇게 덧붙였다.

PD, 즉 프로그램 디렉터란 원래 오케스트라의 지휘자와 같은 거예요. 시대의 분위기와 흐름을 읽고, 트렌드에 맞는 좋은 작가를 골라내고, 스태프들과 실행 가능한 범위 내에서 좋은 그림을 짜맞춰 가는 것을 지휘하는 거죠. 팀 스피리트랄까? 아니면 집단정신이랄까? 그걸 만들어 내며, 드라마를 만들어 가는 거죠. 작가의 시나리오가 아무리 뛰어난들, 관객의 트렌드도 변하는 거라, 〈사랑과 야망〉이 꼭 성공하리라는 보장이 없는 거잖아요. 같은 신데렐라 콤플렉스 드라마도, 〈천국의 계단〉보단 요즘에는 〈시크릿 가든〉처럼 코믹한 게 통하는 거라니까요. 그러니, PD가 젤 중요한 거죠. 흥행은 PD의 몫이니까!

그리고 그가 한마디 던졌다.

그러니, 김 의원님이 PD하세요, 김 PD! 정치적 언어로 말하면, 민주당 재집권을 위한 만델슨이 돼주세요. 우리에게는, 또 민주당에게는 지금 만델슨과 같은 정치인, 전략을 이해하고 실천해 줄 당료, 집권 프로그램을 만들고 흥행에 목숨을 걸 민주당 PD가 필요합니다. 아주 절실히!

그렇게 된 것이다. 그가 그렇게 느닷없이 민주당 이름으로 김 PD를 외쳤을 때, 내 안의 무언가가 넘쳐흘렀던 것 같다. 그래서 열정을 갖고 배우고 익힐 수 있었다. 그리고 나는 전당대회 당대표 출마에 제 일착으로 출사표를 던졌다.

당권이 아니라 수권을 경쟁하자. 당원의 목소리가 아닌 국민의 목소리를 듣자. 민주당이 승리해야 한다면 승리할 수 있는 전략을 만들자. 내가 모자라면 전략가 굴드라도 끌어 오자. 그렇게 다시 민주당이 승리하고 집권할 수 있다면 내가 열 배 백 배 더 일하고 노력하자.

후마니타스의 책, 발간순

러시아 문화사 | 슐긴·꼬쉬만·제지나 지음, 김정훈·남석주·민경현 옮김
북한경제개혁연구 | 김연철·박순성 외 지음
선거는 민주적인가 | 버나드 마넹 지음, 곽준혁 옮김
미국헌법과 민주주의 | 로버트 달 지음, 박상훈·박수형 옮김
한국노동자의 임금정책과 임금실태 | 김유선 지음
위기의 노동 | 최장집 엮음
다보스, 포르투알레그레 그리고 서울 | 이강국 지음
과격하고 서툰 사랑고백 | 손석춘 지음
그래도 희망은 노동운동 | 하종강 지음
민주주의의 민주화 | 최장집 지음
침묵과 열광 | 강양구·김범수·한재각 지음
미국예외주의 | 세미무어 마틴 립셋 지음, 문지영·강정인·하상복·이지윤 옮김
조봉암과 진보당 | 정태영 지음
현대노동시장의 정치사회학 | 정이환 지음
일본 전후 정치사 | 이시가와 마스미 지음, 박정진 옮김
환멸의 문학, 배반의 민주주의 | 김명인 지음
민주주의의 민주화 | 최장집 지음
어느 저널리스트의 죽음 | 손석춘 지음
전태일 통신 | 전태일기념사업회 엮음
정열의 수난 | 문광훈 지음
비판적 실재론과 해방의 사회과학 | 로이 바스카 지음, 이기홍 옮김
아파트 공화국 | 발레리 줄레조 지음, 길혜연 옮김
민주화 20년의 열망과 절망 | 경향신문 특별취재팀 지음
비판적 평화연구와 한반도 | 구갑우 지음
미완의 귀향과 그 이후 | 송두율 지음
한국의 국가형성과 민주주의 | 박찬표 지음
소금꽃나무 | 김진숙 지음
인권의 문법 | 조효제 지음
디지털 시대의 민주주의 | 피파노리스 지음, 이원태 외 옮김
길에서 만난 사람들 | 하종강 지음
전노협 청산과 한국노동운동 | 김창우 지음
기로에 선 시민입법 | 홍일표 지음

시민사회의 다원적 적대들과 민주주의 | 정태석 지음

한국 사회민주주의 정당의 역사적 기원 | 정태영 지음

지역, 지방자치, 그리고 민주주의 | 하승수 지음

금융세계화와 한국 경제의 진로 | 조영철 지음

도시의 창, 고급호텔 | 발레리 줄레조 외 지음, 양지은 옮김

어떤 민주주의인가 | 최장집·박찬표·박상훈 지음

정치적인 것의 귀환 | 샹탈 무페 지음, 이보경 옮김

정치와 비전 1 | 셸던 월린 지음, 강정인·공진성·이지윤 옮김

사회 국가, 한국 사회 재설계도 | 진보정치연구소 지음

법률사무소 김앤장 | 임종인·장화식 지음

여성·노동·가족 | 루이스 틸리·조앤 스콧 지음, 김영·박기남·장경선 옮김

민주노조운동 20년 | 조돈문·이수봉 지음

소수자와 한국 사회 | 박경태 지음

평등해야 건강하다 | 리처드 윌킨슨 지음, 김홍수영 옮김

재벌개혁의 현실과 대안 찾기 | 송원근 지음

민주화 20년, 지식인의 죽음 | 경향신문 특별취재팀 지음

한국의 노동체제와 사회적 합의 | 노중기 지음

한국 사회, 삼성을 묻는다 | 조돈문·이병천·송원근 엮음

국민국가의 정치학 | 홍태영 지음

아시아로 간 삼성 | 장대업 엮음, 강은지·손민정·문연진 옮김

우리의 소박한 꿈을 응원해줘 | 권성현·김순천·진재연 엮음

국제관계학 비판 | 구갑우 지음

부동산 계급사회 | 손낙구 지음

부동산 신화는 없다 | 전강수·남기업·이태경·김수현 지음, 토지+자유연구소 기획

양극화 시대의 한국경제 | 유태환·박종현·김성희·이상호 지음

절반의 인민주권 | E. E. 샤츠슈나이더 지음, 현재호·박수형 옮김

민주주의와 법의 지배 | 아담 쉐보르스키·호세 마리아 마리발 외 지음, 안규남·송호창 외 옮김

지겹도록 고마운 사람들아 | 오도엽 지음

박정희 정부의 선택 | 기미야 다다시 지음

의자를 뒤로 빼지마 | 손낙구 지음, 신한카드 노동조합 기획

와이키키 브라더스를 위하여 | 이대근 지음

존메이너드 케인스 1·2 | 로버트 스키델스키 지음, 고세훈 옮김

존메이너드 케인스(세트) | 로버트 스키델스키 지음, 고세훈 옮김

시장체제 | 찰스 린드블룸 지음, 한상석 옮김

권력의 병리학 | 폴 파머 지음, 김주연·리병도 옮김

팔레스타인 현대사 | 일란 파페 지음, 유강은 옮김

자본주의 이해하기 | 새뮤얼 보울스·리처드 에드워즈·프랭크 루스벨트 지음,
최정규·최민식·이강국 옮김

한국정치의 이념과 사상 | 강정인·김수자·문지영·정승현·하상복 지음

위기의 부동산 | 이정전·김윤상·이정우 외 지음

산업과 도시 | 조형제 지음

암흑의 대륙 | 마크 마조워 지음, 김준형 옮김

부러진 화살 | 서형 지음

냉전의 추억 | 김연철 지음

만들어진 현실 | 박상훈 지음

정치와 비전 2 | 쉘던 월린 지음, 강정인·이지윤 옮김

현대 일본의 생활보장체계 | 오사와 마리 지음, 김영 옮김

복지한국, 미래는 있는가(개정판) | 고세훈 지음

분노한 대중의 사회 | 김헌태 지음

정치 에너지 | 정세균 지음

워킹 푸어, 빈곤의 경계에서 말하다 | 데이비드 K. 쉬플러 지음, 나일등 옮김

거부권 행사자 | 조지 체벨리스트 지음, 문우진 옮김

왜 사회에는 이견이 필요한가 | 카스 R. 선스타인 지음, 박지우·송호창 옮김

초국적 기업에 의한 법의 지배 | 수전 K. 셀 지음, 남희섭 옮김

한국 진보정당 운동사 | 조현연 지음

근대성의 역설 | 헨리 임·곽준혁 지음

브라질에서 진보의 길을 묻는다 | 조돈문 지음

동원된 근대화 | 조희연 지음

의료 사유화의 불편한 진실 | 김명희·김철웅·박형근·윤태로·임준·정백근·정혜주 지음

대한민국 정치사회 지도(수도권 편) | 손낙구 지음

인권을 생각하는 개발 지침서 | 보르 안드레아센·스티븐 마크스 지음, 양영미·김신 옮김

불평등의 경제학 | 이정우 지음

왜 그리스인가 | 자클린 드 로미이 지음, 이명훈 옮김

민주주의의 모델들 | 데이비드 헬드 지음, 박찬표 옮김

노동조합 민주주의 | 조효래 지음

대한민국 정치사회 지도(집약본) | 손낙구 지음

유럽 민주화의 이념과 역사 | 강정인·오향미·이화용·홍태영 지음

우리, 유럽의 시민들? | 에티엔 발리바르 지음, 진태원 옮김

민주화 이후의 민주주의(개정2판) | 최장집 지음

지금, 여기의 인문학 | 신승환 지음

비판적 실재론 | 앤드류 콜리어 지음, 이기홍·최대용 옮김

누가 금융 세계화를 만들었나 | 에릭 헬라이너 지음, 정재환 옮김

정치적 평등에 관하여 | 로버트 달 지음, 김순영 옮김

한낮의 어둠 | 아서 쾨슬러 지음, 문광훈 옮김

모두스 비벤디 | 지그문트 바우만 지음, 한상석 옮김

진보와 보수의 12가지 이념 | 폴 슈메이커 지음, 조효제 옮김

한국의 48년 체제 | 박찬표 지음

너는 나다 | 손아람·이창현·유희·조성주·임승수·하종강 지음
　　　　　　　　　　(레디앙, 삶이보이는창, 철수와영희, 후마니타스 공동 출판)

정치가 우선한다 | 셰리 버먼 지음, 김유진 옮김

대출 권하는 사회 | 김순영 지음

인간의 꿈 | 김순천 지음

복지국가 스웨덴 | 신필균 지음

대학주식회사 | 제니퍼 워시번 지음, 김주연 옮김

국민과 서사 | 호미 바바 편저, 류승구 옮김

통일 독일의 사회정책과 복지국가 | 황규성 지음

아담의 오류 | 던컨 폴리 지음, 김덕민·김민수 옮김

기생충, 우리들의 오래된 동반자 | 정준호 옮김

깔깔깔 희망의 버스 | 깔깔깔 기획단 엮음

노동계급 형성과 민주노조운동의 사회학 | 조돈문 지음

시간의 목소리 | 에두아르도 갈레아노 지음

법과 싸우는 사람들 | 서형 지음

작은 것들의 정치 | 제프리 골드파브 지음, 이충훈 옮김

경제민주주의에 관하여 | 로버트 달 지음, 배관표 옮김

정치체에 대한 권리 | 에티엔 발리바르 지음, 진태원 옮김

작가의 망명 | 안드레 블첵·로시 인디라 지음, 여운경 옮김